JN065306

担任1年目 人間関係がうまくいく84の方法

教育開発研究所 編

教育開発研究所

はじめに

二〇二一年度に「心の病」で一ヵ月以上休んだ公立学校の教員は、前年度比一五・二%増の一万九四四人。初めて一万人を超えました。大きな要因となっているのは「多忙さ」以上に「人間関係」だということをよく聞きます。

学生から社会へ出て教師となるハードルをうまく越えられず、体調を崩すなどで教職を諦め早期に休職あるいは退職してしまう者も多いようです。

教師をめざす若者たちにこのハードルをうまく越えてほしい、教職に軟着陸してほしい、そのために何か一助となることができないだろうか、このような願いのもとに本書は企画されました。

担任一年目を乗り越えたちょっと先輩の教師二一名からあなたに向けて、「保護者との関係」「同僚との関係」「上司との関係」「子どもとの関係」の四つの人間関係について、「これだけは知っていてほしい」「こんな方法がある」「自分はこうやって乗り越えた」「こうしてみてはどうだろう」という提案、あるいは「私はこれで失敗した」「これをやってはいけない」というような失敗談を含め、経験を踏まえたアドバイスとエールをいただきました。

四つの人間関係それぞれについて二一本ずつ、教師としての毎日の生活をしっかりとしたものにしていく方法論が全部で八四詰まっています。ざっと読んでみて自分に合いそうな方法を選んで明日からの仕事に活かしてみてください。

戦略・戦術がわかれば戦い方も見えてきます。きっと昨日より前向きになれるはずです。

担任1年目　人間関係がうまくいく84の方法・もくじ

1章　保護者との関係がうまくいく21の方法

2章　上司との関係がととのう21の方法

3章　同僚との関係がひろがる21の方法

4章　子どもとの関係がしっかりできる21の方法

1章
保護者との関係がうまくいく21の方法

先生の話は、あと出しじゃんけんでするのが安心安全

横浜市立みなとみらい本町小学校教諭　赤岡　鉄矢

学校教育の行い方について、私が初任だった頃と変わってきたと感じることがあります。それは、教育活動を教職員だけで行うのではなく、保護者や地域も一緒になってつくっているというところです。運動会を一つとっても、当時は「昨年もやっていたから」という理由で開催方法を決めることが多くありました。

最近は保護者や地域の方からの意見を取り入れることが多くなりました。その影響か、以前よりも関心を持って学級のことを見ていただいているように感じることがあります。保護者の方々とは個人面談や懇談会など話をする場面があります。経験の浅い先生方にとっては、プレッシャーになることもあるでしょう。

子どもの育ち方や教育方法の専門性は学校にあります。とは言え、学級の子どもについては保護者のほうがよく知っています。小学校に入るまでその子を育ててい

るのですから当然と言えば当然です。保護者も学校も子どもを育てるという目的は一緒です。なので、まずは、保護者に子どものことを教えてもらうという立場でかかわりを持つのがよいと思います。いわば後出しじゃんけんです。

学級の子たちはどのような子どもなのか、先生が見ているのは部分的なものですし、経験が少ない先生にとっては比較するものもありません。先生が思うことを伝えて誤解を生んでしまってはいけません。子どものことを教えてもらっているうちに、保護者の願いや要望も分かってきます。相手が何を望んでいるのか理解することが関係をうまく築く第一歩になります。それを理解していくなかで先生の思いや子どもの育ちについて伝えていってみてください。そうすればきっと、相手は嫌な思いをしません。

一年目の教師は、保護者からも「一年目の先生」と見られています。肩肘張って失敗のないようにするよりも、子育てのスペシャリストである保護者に頼ってみてはどうでしょうか。頼りないと思われるかもしれませんが、自分から先にハードルを下げておくのも一つの手だと思います。

保護者の信頼を得るには子どもの信頼を得ることが一番の近道

新宿区立富久小学校主任教諭　岩本　紅葉

私は図画工作の専科の教員なので、担任の教員に比べ保護者の方と直接お話しする機会はほとんどありません。トラブルが発生した際の保護者対応というものも少ないのですが、その一方で保護者との関係も希薄になりやすい立場です。保護者の方のなかには私の名前を知らない、図工専科であることも認識していない、そんな方もいらっしゃると思います。そんな保護者の方との距離感がある専科の教員が保護者の信頼を得る一番の近道は、目の前の子どもたちの信頼を得ることです。

子どもは家庭で学校のことを話します。友だちと休み時間や放課後に遊んだこと、給食のメニューで大好物が出たこと、担任に褒められたり叱られたりしたことなど、子どもたちはその日に起こった印象的なエピソードを保護者に話すことでしょう。そして、その内容は私たちが想定している以上に詳細に子どもたちから保護者に伝わります。子どもが言語化し、思い出しながら伝えるので、脚色されて保護者に伝わることもあるでしょう。子どもたちが教員とのエピソードをどのように伝えるかは、子どもがその教員にどのようなイメージを抱いているかによっても変化します。子どもが教員のことを信頼してくれていたら、その情報は忠実に伝わったり、いい方向に脚色されて伝わったりします。保護者が学校のことや教員のことを知る一番の情報源は子どもとの会話です。つまり、子どもが教員を信頼してくれていることが、保護者の方が教員を信頼することに繋がるのです。

子どもを通して保護者の信頼を得ることができれば、保護者との関係も良好になります。学校で会った際には、「息子が先生の授業は楽しいと言っています」「娘が先生と同じ図工の先生になりたいと言っています」といった嬉しいお声掛けをいただくこともあります。担任の教員より距離感が出てしまう専科の教員なので、よほどの不満がない限りは厳しいご意見をいただくことはほぼありませんが、最も注意しなければならないのは子どもが怪我をした際の対応です。私が失敗したのは子どもが彫刻刀で怪我をした際の保護者対応でした。彫刻刀を使用する際は必ず両手で持つことを毎時間指導し、子どもたちが誤った使い方をしないように授業中は常に机間指導をしたり、担任の教員や支援員の方に授業に入っていただいたりしています。しかし、それでも怪我をしてしまう子どもがいます。その子どもは右手で彫刻刀を持ち、左手で版木を押さえて活動していたため、左手の人差し指を彫刻刀で切ってしまいました。傷の大きさは二ミリ程度で浅く、消毒をして絆創膏をつければすぐに傷が塞がるような怪我でした。養護教諭に手当してもらい、子どもには正しい彫刻刀の使い方を再度確認し、誤った使い方をしてしまったことに対して指導しました。そして、図工の授業中に子どもが怪我をした際には、私から家庭に電話で連絡を入れるのですが、その日は出張が入っていたため、担任の教員から保護者に怪我をしたことを連絡していただきました。

しかし、出張先で保護者からお怒りの連絡が入りました。保護者の主張としては、「なぜ、怪我をしてしまったのか」「なぜ、怪我をしたことを叱られるのか」「なぜ、図工専科がその場で連絡を入れないのか」の三点でした。一点目は、担任にもっと詳しく怪我の経緯を伝えたり、怪我をした旨の電話は担任に任せて私が連絡帳に怪我の経緯を書いたりすれば伝えることができたはずです。二点目は、再度同じ怪我をしてほしくないという思いから、心配の声かけよりも正しい彫刻刀の使い方の指導に力が入ってしまったことが原因です。該当の子どもとの信頼関係も十分に築けていなかったことも理由としてあげられます。三点目は、「大した怪我ではないし、授業中にその場を離れるわけにはいかないから、放課後に担任から連絡してもらえば大丈夫だろう」という甘い考えが根底にあったことが原因です。出張に行く前に電話を入れる時間はつくれたかもしれません。これらの保護者からの不満は未然に防ぐことができたはずです。小さな怪我やトラブルでも保護者の方にとっては一大事です。子どもたちに何か起きた際には迅速に、ていねいに保護者に伝えることが信頼関係の構築につながります。それを怠ってしまうと、それまでに築いてきた信頼関係も一気に崩れてしまいます。誠意をもって対応することが重要です。

第一章では「保護者の信頼を得るには子どもの信頼を得ることが一番の近道」という内容で書かせていただきました。子どもの信頼を得るためにはどうすればよいのかについては、第四章で述べさせていただきます。

保護者はあなたの最大の理解者。まずは自分を知ってもらおう！

小樽市立朝里中学校主幹教諭　金田　唯史

入学式後に行われる一番最初のホームルーム。これから始まる中学校の新生活に向けて期待と不安の表情を浮かべる新一年生。そして、その様子を後ろで温かい眼差しでも見守る保護者の方々。現在は新型コロナウイルス感染症の観点から、入学式後のホームルームの保護者の参加については行っていませんが、まさにその時間が新入生や保護者に、学級担任である「自分」を知ってもらう絶好の機会です。生徒だけならともなく、保護者の方々がおられると、緊張感がぐっと高まる瞬間です。

タイトルにも書いたように、あなたにとって保護者は「最大の理解者」です。少なくとも、今後一年間は目の前にいる学級担任が、わが子の学級担任となるわけですから、入学式後のホームルームでは、教壇に立った瞬間、「この先生にわが子を託すのか」と針のむしろのように保護者の視線があなたに突き刺さります。

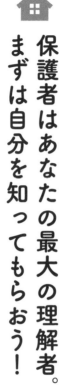

以前、接遇の研修を受講したときに、人の第一印象は出会ってから「七秒」で決まり、そして、その第一印象を変えるまでには平均で「約三〇日間」の時間が必要である、と説明を受けました。私はそれ以降、とくに初対面の人との接し方に気を付けていこうと強く意識するようになりました。

コロナ禍の影響で、最近はなかなか保護者の方とお会いする機会が少なくなっています。ですから、一度、保護者が感じたあなたに対しての印象を変えるには、以前に比べてかなり時間がかかってしまうことが考えられます。

また、私自身、子どもが二人いて、よく周りからは、「学校の先生って、子育てのプロだからいいですね」と言われます。そうであればいいのですが、残念ながら不安でいっぱいの子育てでした。

そういった保護者の不安を少しでも打ち消し、毎朝、安心してわが子を学校に送り出してもらうためにも、「先生の印象」はとても大切です。そのことを意識するだけでも、保護者との関係性はよい方向に進んでいくはずです。

あなたという人間を保護者にも知ってもらうために、学級通信などであなたの考えなどをていねいに説明していくことも有効ですが、やはり直接お会いする教育相談等の機会が一番効果的ですし、それをぜひ、有効に活用していただきたいです。

そして、そのためには準備が必要です。どんな些細なことでも構わないので、毎日、学級の生徒全員と会話をし、各生徒のエピソードを備忘録等に取りまとめておきましょう。その積み重ねが、保護者と話をする場面で確実に生きてきます。先生との会話を通して、保護者に「自分の子どものことを先生はしっかりと見守ってくれている」と思っていただけたらしめたものです。このような保護者との関係性を築き、家庭と一緒に生徒の成長を見守るあなたの姿勢が、保護者にとってはとてもありがたい存在として映るはずです。生徒だけでなく、保護者にとっても、学校は「心理的安全性」が保障されるべき場所でなければならないと私は強く思います。

このように書いてきた私ですが、最初からこのような対応ができたかというとそうではありませんでした。とくに初任段階教員の頃は慣れない生徒指導で四苦八苦していました。ある生徒指導事案が発生し、該当する生徒の保護者から学校に電話がありました。私は電話でことの顛末を説明し済ませようとしましたが、電話の内容を聞いていた先輩の教員から「電話じゃいくらうまく話したってうまく伝わらないから、親御さんに直接お会いし、親御さんの思いを伺って、そのうえで今後の対応や自分の思いなどを伝えてきたほうがいい」とアドバイスをもらいました。

そのアドバイスを受け、家庭訪問をしましたが、先輩がお話しされていたように「行ってよかった」と本当に実感しました。実際に保護者とお会いし、電話では感じることのできない表情や思い、自分の考えが及ばなかったことなどをご指摘いただきましたし、生徒が成長するために何が大事なことなのかということを真摯に話し合ったりすることができました。家庭に伺う前は、「行きたくない。電話で済ませたい」と正直思っていましたが、直接お会いし話すことができて、大きく前へと進むことができたと実感したことが今でも印象に残っています。

重要なことについては、電話だけで済ませない。ときには家庭に伺って保護者の方と顔を付き合わせて、お互いの思いを共有する。「虎穴に入らずんば虎子を得ず」という慣用句がありますが、それが今でも私の保護者との関係性を築くモットーです。

出会いで勝負を決める！

豊川市立小坂井中学校教諭　熊谷　雅之

保護者が学校に求めていることはなんでしょう。多くの方は、「わが子が楽しく学校に行ってほしい。わが子を大切にしてほしい」という一点です。このニーズに応えようとすることで、保護者は最大の味方になってくれます。

(1)　手書きのメッセージ付きプリントで安心感をプレゼント

保護者の方と会って話す機会はほとんどありません。だからこそ、数少ないチャンスを生かしましょう。出会いが勝負です。僕は四月の家庭訪問で、保護者の方に「自己紹介」「教育観」について書かれたプリントを配ります。これだけでは、「またいつものプリントか……」と思われ、即、資源回収行きです（笑）。僕は「その子の輝くよいところ」を、一人ひとり、手書きで書きます。たった一文でもＯＫ。このひと手間が「若いのに一生懸命で頼もしい！」という安心感を生みます。

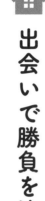

(2) 初めての懇談会では、二人きりの会話で協力関係に

個別懇談会では、話すべきことを話した後、子どもだけ教室の外に出します。そして「ここまでの生活で気になることや、聞いておきたいことありますか？」と、聞いてみましょう。子どもの前では話しにくかったことも話題にあがり、堅苦しい会話から、もう一歩本音での会話に近づけます。本来保護者と教員は、共に子どもを育てる「仲間」です。ざっくばらんに協力できることを話しましょう。

(3) 聞くべきことを聞き、明日からの声かけに生かす

個別懇談会では、生徒が「何が好きで」「どんなこだわりがあって」「何を嫌がるのか」を聞いておきましょう。生まれた瞬間からかかわり続けてきた保護者であれば、われわれよりも絶対に知っています。明日からの声かけにもすぐに生かせます。保護者のほうも「わが子を理解しようとする姿勢」に好感を寄せてくれます。

根本には、日々子育てに奮闘されていることへの敬意と、保護者の方から学ぶ心です。あなたが若いからといって侮り、礼儀のない方とはしたたかにお付き合いさせていただき、すてきな保護者との出会いを楽しんでください。

子どものよいところを意図的に伝えるべし

東久留米市立南町小学校教諭　小泉　志信

教員一年目のとき、入学式で言われた一言が今でも忘れられません。「先生若いですよね。何歳ですか?」きっと保護者の方にとっては何気ない一言だったのだと思います。でも、その一言にはいろいろな意味が含まれていたのだと感じています。若い先生を歓迎するのは、きょうだいがいて、兄や姉が若い先生に担任してもらったときに楽しかった経験がある場合が多いです。しかし、保護者のなかには「経験のない先生にうちの子を任せて大丈夫なのか?」という不安を抱く方も少なくないです。とくに一年生は初めての小学校で、皆さんも保護者一年目なので、まだまだわからないことだらけなのです。自分の大切な子どもの成長を考えたときに、経験がある先生に任せたい気持ちはわかります。「早く歳を取りたい」「年齢で安心感を与えられるって羨ましい」と何度思ったかわかりません。

そんな僕だからこそ保護者とかかわるうえで大切にしていることがあります。それは「よいことでも連絡する」です。通常保護者に電話をかけるときは、子どもが何か悪いことをしたときが多いのではないでしょうか。そういったときにだけ電話をかけると保護者の方は教員からの電話を嫌がるようになります。そこで子どものよいことがあったときにも電話をかけるようにしました。また、何気なく感じた子どもの様子の変化や違和感も伝えて相談するようにしました。そうすることで、「この先生は子どものことを見てくれている」と感じてもらえるようになります。さらに、何かトラブルがあったときもトラブルの話だけでなく、ポジティブな話も添えるようにします。がんばっていることや成長しているという事実も合わせて伝えないと子どもへのネガティブな想いだけが募っていくからです。他にも保護者面談の前には必ず子どもと話をして本人が成長を感じているところを聞き取り、成果物と併せて伝えました。このように子どものよいところを見える形にして伝えることで、保護者の方に安心感をもってもらえます。小さな積み重ねが信頼関係を築いていくので、些細なことでも伝えてみてください。

保護者とは積極的に電話連絡を図るべし

国立市立国立第七小学校教諭　櫻木　崇史

憧れた教師という職業、いざその職に就くと子どもたちとのかかわりが中心となります。それは当たり前のことです。しかし、その背景には多くの保護者とのかかわりがあるということも私たちはしっかりと認識しなければなりません。「授業の準備をしたいのに、保護者対応に追われる」など、疲弊してしまう先生がいらっしゃることも事実です。

保護者が学校に問い合わせをする理由の一つとして、「子どものことが心配」ということがあげられます。多くの保護者の願いは共通して「子どもの健やかな成長」「楽しく学校生活を送ってほしい」です。一日の大半を過ごす学校で、心配なことがあれば問い合わせたくなる、当然のことではないでしょうか。私は若い頃、子どもへの指導を行った際、こちらの意図が正確に伝わらず、「なぜうちの子が指導されたのですか」と問い合わせがよくあったことを思い出しました。

先生の言葉は思っている以上に子どもへ、正確に伝わっていないことがあります。そこで私が大切にしていたことは「電話連絡」です。子どもの誤った言動に対しては毅然とした指導が必要です。なぜ指導したのか、理由を子どもに伝えるだけでなく「今日○○さんへ○○に対する指導を行いました」といった具合に、特別な指導を行ったあとは必ず電話で連絡を行うようにしていました。こちらの指導の意図を正確に保護者に伝えるためです。その際、課題を伝えるだけでなく、「ここ最近○○なことで成長していますよ。すばらしいですよね」とマイナスな会話で終えないよう心がけていました。「子どものよいところも見取ってくれている」、この積み重ねが保護者との信頼関係につながると信じています。

電話を掛ける際、事前に伝えたいことをメモしておくと思考が整理されるので試してみてください。また何か課題があったから電話するのではなく、「○○さんの成長が嬉しかったから」といったプラスの内容で連絡するのも効果的です。ぜひ「普段会えない保護者と懇談の機会」と思って活用してみてください。

学級のことを発信しよう

調布市立多摩川小学校指導教諭　庄子　寛之

最近、保護者との関係に悩んでいる先生の相談にのることがよくあります。教師には、さまざまなステイクホルダー（利害関係者）がいます。子どもたちと授業だけに集中できたら、どれだけ楽しいだろうかと思ったことのある方がほとんどではないでしょうか。そんな私もそうです。

とはいえ、嘆いていても始まりません。保護者を味方につけることが、自分にとっても、子どもにとってもとても重要なことだと考えます。

では、保護者とうまくいくためにはどうすればよいのでしょうか？

さまざまな方法がありますが、私は「学級のことを発信する」の一点につきると思っています。

保護者は学校のことがほとんど分かっていません。私も中二と小三の親ですが、学校でどのようなことをしているのかは、教師であるのに分からないものです。

保護者に学級のことを発信する方法はたくさんありますが、学級通信が一番おすすめです。

「学級通信なんか書く暇ないよ」

「やろうとしたことはあるのですが、続かなくて……」

という方も多いのですが、最初からがんばらなくていいのです。写真を一枚に、あなたの感想を三行付け加えるだけ。最近では一人一台端末全員もっています。私のクラスではgoogle classroomを使用して、毎日学級の様子と私の感想を伝えています。

時々のおすすめは、「あなた（教師）のコメントを連絡帳に貼らせる」ということです。デジタルな時代だからこそ、アナログを効果的に使うことで、保護者へのメッセージが届きやすくなります。

保護者は敵ではなく、味方です。ときには頼りながら、ともに子どもを育てる同志として仲良くできる行動をしていきましょう。

なんでもオーケーをしない

板橋区立中台中学校教諭　鈴木　亮

まず保護者と教員は立場が違うため、時には理不尽に思える要求などが出てくることは頭に入れておきましょう。それをまじめにすべて聞こうとするとどのような保護者でも理不尽に思えてしまい、関係性がつくれません。大切なことは「無理なことは無理と伝えたうえで子どものために何が最善か保護者と一緒に考えること」です。

はじめて担任をもつとまじめな人ほど保護者との関係をよくしていくため、また断りづらいため、保護者のお願いはすべて「はい」と言いたくなってしまいます。ですが仕事は普通の業務をこなすだけでも精一杯です。保護者の要望をすべて聞き入れていると仕事量が増えすぎて体を壊してしまうこともあります。ですから自分の仕事を考えて「それはできません」と伝えることも大切です。自分から伝えるのがむずかしいときは「一度学年で相談してからお返事をします」と預かってからお返事をする、もしくは学年の先輩教員に伝えてもらうのがいいです。

ここまでの話だけでは保護者の要望は断ったほうがいいと聞こえますが、すべて断るわけではありません。常に考えてほしいことは「生徒にとって何が最善なのか」です。要望が自分の仕事にとって大きな負担にならず、生徒の成長につながると考えられるのであれば受け入れます。生徒のことを考えるとなんでも受け入れたほうがいいと考えてしまいますが、見なければいけない生徒はその一人だけではありません。その要望を受けると他の大勢の生徒のことを見る時間が大きく減ってしまうのではないかということも考えましょう。

教員は保護者と必ずしも仲がよい必要はありません。学校は生徒のための場所です。保護者とともに生徒の成長を助けていける環境をつくることを第一に考えて、関係性をつくっていきましょう。また保護者にとって教員の印象は生徒から聞く話がほとんどです。日頃から生徒を通して保護者に信頼してもらえるような行動をとりましょう。

子どもを大切にすることが何より

練馬区立北町西小学校教諭　関根　章浩

教員生活では、たくさんの保護者との出会いがあります。保護者も子どもと同じように十人十色、さまざまな考え方の方がいます。なかには、モンスターペアレントと呼ばれてしまうような方もいるかもしれません。しかし、どの保護者の方にも共通して言えるのは、「わが子を大切に思っている」ということです。ですから、保護者との良好な関係を築いていくためには「私も、あなたの子どものことを大切に思っていますよ」というメッセージをうまく伝えていくことが大切です。

とは言うものの、一年間を通して、保護者とかかわる機会は実はそんなに多くありません。直接お話をするのは年に数回ある保護者会と個人面談くらいで、あとは学校公開や行事で見かけるくらいです。では、保護者はいったい、どこから先生の情報を仕入れるか。答えは「子ども」です。「今日は学校、どうだった?」「新しい先生、どんな先生？」これらの会話は、ほぼ一〇〇％、どの家庭でも行われています。この質問に子どもが「学校、超楽しかったよ！」「新しい先生、優しいし、おもしろい！」なんて答えたら、もう保護者の心は掴んだも同然です。だから、まずは子どもたちのことをしっかりと見ることが大切です。加えて、保護者会や個人面談では子どもの成長を具体的に誉めます。課題のある子の保護者には、「大切だからこそ伝えますが、……」と前置きをし、しっかりと課題と対応を伝えます。わが子の課題について、保護者はたいてい、すでに分かっていますので、正面から伝えたほうが「この先生は、うちの子をしっかりと見てくれている」と安心感を与えます。

保護者は学校での子どもたちの様子をあまり見ることができません。高学年になると「学校どうだった？」と聞いても「別に。普通」としか答えなくなります。だから私は、学級便りをこまめに出して学校の様子を伝えています。たいへんなので文章はたくさん書きません。授業の様子などをほぼ、写真で伝えています。こまめに知ることが安心感につながります。そこに映る子どもたちの姿が笑顔ならなおさらです。

保護者はパートナーだと思うべし

東京都公立小学校教諭　田渕　翠

保護者が同じ目線で子どもに接することを期待するとうまくいかない、と思います。教員は大勢の子どもたちと接しており、子どもを関係性のなかで見ますが、保護者が接するのは「わが子」一人です。このことを忘れないように心がけています。

「何も悪いことをしていないのに先生に怒られた」「○○ちゃんが意地悪をしてきた」情報がこれだけだと、保護者は不安になります。そこで、大きなトラブルがあったときは解決したうえで顛末を保護者に連絡します。強い指導をしたときも、指導内容を保護者に伝えます。やってはいけないのが、「○○さんはこういう悪いところがあります。（だから、お家の人がなんとかしてください！）」という報告です。子どもが困った状態なら、なんとかするのが私たちの仕事です。その場で解決したかどうかは別として、「課題」と「指導」はセットにして保護者に報告します。そのうえで、家庭で協力してほしいことをお願いします。また、新採の先生方であれば、小さなトラブルも指導教諭への報告・連絡・相談は必須です。けがの報告も同じように行います。

普段は、子どもたちの様子を学級だよりで伝えています。問題が起こったときだけ保護者にアプローチすると、「学校からの情報＝子どもの悪いところの伝達」という印象を与えてしまうからです。また、小さなことですが、できるだけ金曜日に強い指導はせず、楽しい雰囲気で帰れるようにしています。子どもが土日、家庭で保護者に愚痴るとマイナスな気持ちが増幅します。子どもが「学校楽しい！」と言うことが、保護者からの信頼を得る第一歩です。

私は「『経験年数が浅くて子どももいない先生が、子どものことなんか分かるわけない』と思われているのではないか」と思っていました。しかし、保護者は共に子どもを育てるパートナーです。お互いが立ち入れないところで子どもを育ててくれる仲間です。課題があれば、まずは一緒に悩むだけでも寄り添えることもあります。解決策を探すのは、それからでも遅くはないのではないかと思います。

まずは互いに知ることから始めよう

横浜市立旭小学校教諭　玉置　哲也

「保護者の方とどうかかわるのがいいんだろう？」教員をしている人であれば、誰もが考えたことのある問いなのではないでしょうか。私もその一人でした。

私が初任のときの五月に家庭訪問が四日間ありました。先輩から「まずは保護者の話を聞く。そして、子どものよいところを伝える。最後に課題をうまく伝える」と助言をいただきました。緊張しながら、教わったとおりに家庭訪問に臨みました。

初日です。先輩に言われたとおりに行いました。課題は伝えられず時間が過ぎ、互いに愛想笑いで終わることが多々ありました。気をつかってばかりで、とても疲れました。三日目のことです。行動に課題を感じている子どもの家に訪問しました。玄関にゴルフバッグが二つありました。僕は大学時代にゴルフ部だったこともあり、何気なく「ゴルフされるんですか？」と靴を脱ぎながら質問しました。そこからゴルフトークで大盛り上がりです。最後に保護者の方から「うちの子迷惑かけてませんか？」と聞かれ、友だちとのトラブルが増えていることをお伝えしました。この日はゴルフの話が中心となりましたが、その後、学校や地域で顔を合わせたときに、「最近ゴルフやってますか？」などと声をかけられるようになりました。そのまま子どもの様子にも話が及ぶことも多々ありました。

この経験を通して考えたことは、教員と保護者である前に人と人として、互いをよく知ることがよりよい関係につながるということです。相手を知り、自己開示しながら会話を重ねることが大切です。これは、私たちが子どもとやっていることと同じです。そして、保護者の方とかかわるなかで気付いたことがありました。保護者の方は何らかの「プロ」だということです。元水泳選手である保護者の方に授業していただくなんていうこともありました。社会に開かれた教育課程とも言われていますが、保護者の方は最も頼み事のしやすい地域の方とも言えます。

私はこれからも、保護者の方と人としてのつながりをつくりながら授業を充実させていきたいと考えています。

信頼感を得るために……

江東区立臨海小学校教諭　長澤　秀哲

コロナ禍前と比べると、そもそも保護者と接する機会が減りました。しかし、学校だよりや学年だよりなど、学校から保護者に向けて何かを伝えること自体は以前とあまり変わっていません。私の勤務校では、子どもたちの様子を保護者に伝えるために、学校ホームページを使った「今日の学校の様子」を写真とともに伝えていて、むしろ学校から情報を発信する頻度は増えているように感じます。

お便りの他にも、連絡帳を通して学校でのお子さんの様子を伝えることがあります。これは私の失敗談ですが、ある日のことです。学校である子がおでこを黒板のへりにぶつけて、たんこぶをつくってしまいました。基本的に首から上の怪我は、養護教諭と管理職が確認し、保護者にその旨を電話で伝えます。私は子どもを帰した後すぐに電話をしたときに、「首から上の怪我でしたので、ご報告のためお電話いたしました」と伝えてしまいました。字面だけ見たらかなり素っ気ないですよね。もちろんそうなった経緯を具体的に伝えたり、「怪我をさせてしまいました、すみません！（汗）」のようなニュアンスで話したりしましたが、保護者の方からは「わが子の怪我を事務連絡的に伝えられた」「本当に心配してくれているのかな」と思われてしまったかもしれません。

このケースに関しては、伝えるときに、〈怪我〉という事実以上に〈子ども〉の身を案じているという教師の姿勢を大切にしたいです。どのような経緯で怪我につながってしまったのかは必要な情報ですが、より重要なのはその事実よりもその子（を担任がどう思っているか）です。「下校前には腫れも引いていたのですが、○○さんが心配で……」というように、担任が心配している、ということが伝わるだけでも印象は全く変わると思います。

PTA主催のお祭りに参加したときや、学校公開など、何かの際に保護者にお会いしたときに、「○○さん、算数のとき、すごく計算が速かったんですよ〜。」と伝えるのも大切なコミュニケーションです。しかし、このエピソードなら他の子にも簡単に流用できそうです。私なら、「意外に間違える子が多い7＋6の計算でも自信をもって答えていましたよ」とか、「最初は、自信がないって言っていたんですけど、丸付けしてみたら満点だったのでたくさん褒めてあげました！」みたいな、ほんの少し具体的な言葉を入れます。こうするだけで、「この先生、そこまで細かく見てくれているんだな」と少しずつ信頼を獲得していけると思います。このケースに関しては、〈できたこと（結果）〉もそうですが、〈そこに至るまでのエピソード（過程）〉もしっかり伝えたいです。このような話のネタになりそうなことを、週案簿など何でもいいのでササッと書き溜めておきます。メモ程度のものをたくさんストックしておくと、保護者の信頼感を得ることにつながるだけでなく、保護者面談のときや通知表を考えるときにも活用でき、一石二鳥ですよ。

対話を大切に

横浜市立鴨居中学校主幹教諭　中村　悟

常に生徒、保護者、学校で三位一体となって、成長できるように心がけています。そのなかで、苦労するのは保護者との信頼関係づくりです。大事にしていることを二つあげます。

一つ目は、保護者と直接やりとりをすることです。

数学の授業で問題を解いている生徒に「大丈夫？」と声をかけました。するとその生徒は、怒ってそっぽを向いてしまいました。「解き方に困っていないかな？」と思い声をかけたのですが、生徒は「大丈夫」を「この問題が解けなくて大丈夫？」と否定的な意味でとらえてしまったようでした。放課後、保護者に電話で連絡をし、このことについて相談をすると、「実は数学がわからなくなり困っていると娘が言っていたんです。すぐに表情に出ちゃうんですよ」と言われました。それを聞き、自分の考えが正確に伝わっていなかったことに気づき、その後、直接お会いして、保護者の願いや本人の願いについて話し合いをすることができました。

非言語コミュニケーション研究であるレイ・L・バードウィステルは、次のように話しています。

「二者間の対話では、言葉によって伝えられるメッセージは、全体の三五％にすぎず、残りの六五％は、話しぶり、動作、ジェスチャー、相手との間のとり方など、言葉以外の手段によって伝えられる」。

電話でのやりとりだけでは、思いを伝える力が弱く、保護者の願いと教員の願いにズレや違いが生じ、誤解を招くことがあります。届けたい思いや考えを相手により的確に伝えるためにも直接会うことが必要なのではないでしょうか。

二つ目は、保護者との面談や相談場面における聞く心構えや姿勢です。

「最近、息子の進路のことで困っていて……」という話を聞く場合、聞く側が下を向き、保護者と目を合わせずに視線が定まっていないと、「この先生、真剣に聞いてくれない！　本人も同じように感じるかも」と不安を抱かれます。私自身何度か失敗をしたことがありましたが、保護者と目を合わせ相槌を打ちながら心を傾けて話を聞くと「この先生はちゃんと息子のことを思って話を聞いてくれている」と安心していただけるようになります。

保護者とのよりよい信頼関係を築くために大切なことは、些細なことでも、常に連絡を取り、できるだけ直接お話をする。また、「聞きたい・伝えたい・力になりたい」という熱意と情熱、そして「～したい！（want to）」を常に心に持つことだと思います。

私が意識する保護者との関係づくり「ともに」「具体的に」

京都市立岩倉北小学校教諭　中村　瑞穂

一年目のとき、私も保護者との関係性をつくるのに緊張していました。保護者から見れば年下の私たちです。「生意気って思われないかな」「一年目の先生だから頼りないと思われていたらどうしよう」と不安に思っていました。しかし、実際に保護者の方たちとお話ししたり、先輩の先生方から伝えていただいたりしたことから、大切なことは、「かけがえのないこの子を一緒に育てていきましょう」という気持ちで接することだと思いました。どちらが立場が上というものはありません。先生も保護者の方にリスペクトを、保護者の方もきっと同じように先生に対して思っていただいていると思います。この子のために一緒にがんばっていきましょうという姿勢が、いい関係をつくれる第一歩だと考えました。そんなことを意識したうえで、私が保護者との関係性をつくるために大切にしている二つのことを伝えます。

一つ目は、「ともに、を意識した連絡を心がける」ということです。たとえば、子どもの困りを伝えるときには、「こんなことに困っています」「家でこれをさせてください」と一方的に伝えるだけでは、不信感を持たれると思います。そうではなく、「学校でこんなことをしているのですが、学校だけの取り組みだけでは少しむずかしいので、お家でもこんなことしてみませんか？」「こんなふうにして、○○くんの困りを解決していきたいのですが、どう思われますか」など、保護者の方とともに子どもの困りを解決したい意思を伝え、自分なりの考えもしっかり伝えることが大事だと思います。そうすることで、保護者の方も何をしていいのか分からない、なぜそのようなことが必要なのか分からないということがなくなると考えます。

また学校だけの困りを話すだけではなく、お家での様子も伺い、お家で困っていることも学校で何か手立てができないか一緒に考えることも心がけています。子どもが成長する場面は、学校「だけ」ではなく、家のなか「だけ」でもありません。保護者と学校が連絡を取り合い「ともに」育てていく意識が必要です。そのためにも、保護者の方には普段の生活で変化や気付きがあったら、相談しながら一緒に解決していきたいと考え、接するようにしています。私自身、このことを心がけることによって、保護者の方からの理解が得られやすくなったと感じていますし、「私ががんばらないと」と思うのではなく、「ともに」という気持ちから、不安な気持ちも少し柔らかくなったと考えます。

二つめは、「学校の様子を具体的に伝える」ということです。とくに高学年になると、学校の様子を自分の口から、お家の方に伝えない子が増えてきます。「うまくいっているとは思うけれど、実際のところどうなんだろう」「お友だちとどんなふうに話しているのかな」と、気になるお家の方はたくさんいらっしゃいます。こんなとき、「お友だちと仲良くしていますよ」だけでは、なかには不安に思われる保護者の方もいらっしゃると考えます。そこで、私は学校での様子で具体的なエピソードをいくつか話すようにしています。たとえば「この前、○○くんですが、お友だちとドッジボールをしに外に出るとき、肩を組みながら楽しそうに運動場に向かっていったのを見ました。帰ってくるときも、『暑い～』と汗だくになって、みんなで下敷きで仰ぎ合いっこしていて、とても微笑ましかったです」など、どの場面で、どんなふうに過ごしていたのかを、一人一つ二つ用意しておくようにしています。私は忘れやすい性格のため、すてきなことをしていたり、お友だちとの微笑ましい姿があったときには、自分のノートに軽くメモをするようにしています。自分しか読めないくらいの汚い字でもかまいません。見たら思い出す程度のメモを残しておけば、保護者の方に普段の様子を伝えるときに役に立ちますし、通知表を書くときにも活用できます。毎日書くとたいへんなので、余裕があるときや、思い出したときに書くだけでもいいと思います。具体的な様子を見ようとすることで、結果的には子どもの姿をよく見ることができることにも繋がっているのではないかと考えます。保護者の方との関係性をつくるために始めたことではありましたが、結果的には子どものためにもよりよいものになっていると感じています。

こんな話をしましたが、やはり緊張するときは未だに多くあります。ですが、保護者の方に伝えたい、子どものためにがんばりたい、という気持ちは絶対に伝わると思います。若いからこそ、しっかり言葉で自分から伝えていきたいと、私自身強く感じていますし、これからも意識していこうと考えています。

感謝を想像する

練馬区立石神井台小学校主任教諭　二川　佳祐

若いときにはわからなかった感覚です。私は二五歳のときに子どもが生まれ、子育てをするようになりました。妻にお願いすることばかりでしたが、自分でもできることをするようにしました。とくに生まれてすぐの二年は本当にたいへんでした。共働きをしながら子育て、何もかもが初めてで、うまくいかないことも多く、苦労しました。仕事もリズムががらりと変わり、子ども中心の生活のなかどうやって仕事をしていくのか、ということを考えなくてはいけなくなりました。

そういう苦労をして分かったことがあります。それは「教室に子どもたちが来ることの尊さ」です。これまで苦労しながらも元気に育ててくださったこと、今日も元気に過ごせていること、眠いなかを起こして朝ごはんを食べさせて送り出してくださっていること、子どもが過ごしやすいように家庭の環境を整えてくださっていること、すべてがとても有難いことだということを、自分も子育てをするようになって気付きました。若いうちはすべてはわかりません。僕もそうでした。でも先輩の先生から話を聞いたり、ママ先生の忙しそうな様子を見ていると、少しだけ理解できるかもしれません。少しだけ想像をして、しすぎるくらいの感謝をしてみる。それが保護者との関係がうまくいく素地になるのではないかなと思っています。一生懸命な姿は絶対に伝わります。

右も左もわからないなかで担任になって三日目、ある保護者の方に連絡帳でこんな言葉を言われました。「先生は先生にしか出せない色があります。それを発揮してくだされば大丈夫です。ありがとうございます」。その言葉は一五年近く経った今でも深く胸に刻まれています。それはその保護者の方が、僕の気持ちを想像し、しすぎるくらい気持ちを込めた言葉をプレゼントしてくださったからです。

あなたのお子さんを大切にします、という態度は絶対に持ち続けましょう、どんなことがあっても。そうすれば、すべては無理でも、同じ思いを共にしていますから分かり合えると信じています。

批判を恐れず、保護者と一緒に考えられる関係を

江戸川区立平井小学校教諭　本多　泰夫

近年、「発達障害」が注目されるようになり、配慮を有する事例が増えてきています。どの学級にも一人や二人、配慮をしなければいけない子どもがいます。私も初任者として着任してすぐに、発達障害を抱えたお子さんを担任することになりました。前任から引き継ぎでどのような特性があるのかは聞かされていましたが、不勉強であったこともあり、何をどう配慮したらよいのか全く先が見えなくて、毎日不安でした。やはり、その子を中心にトラブルが起こり、日々その対応に追われる毎日でした。そんなときにやはり一番子どものことを知っている保護者に相談することがよいのではないかと考えました。もちろん、こちらがその子のことを理解してあげられず、うまく対応できていないと不信感をもたれるのではないかという不安はありました。だから最初は恐る恐る連絡をしました。連絡の際には、学校で本

人がイライラしてしてしまうまでの様子や周りの子どもたちの反応、こちらがどう指導したのかなどを細かく事実をていねいに伝えるように心掛けました。

繰り返し連絡を重ねるなかで、一緒にどう対応していけばいいのか考えられる関係をつくることができてきました。保護者との関係がよくなっていくにつれて、その子も落ち着き、さまざまなことをみんなと取り組めるようにもなってきました。年度末に、家庭の事情で転出してしまうことになりましたが、手紙で近況報告をくれ、学校行事でがんばっている姿を見に来てほしいと言われるほど、親子ともに信頼関係を築くことができました。

保護者からすれば、自分の子のことを理解してくれない、うまく対応してくれていないと不信感を感じてしまうことから担任批判が始まります。こちらも人間なので落ち度はあります。そこで批判はされる可能性はありますが、それを恐れず、一緒にその子のためにどうしていけばいいのかを考えていける関係を築くために、タイミングを逃さず、事実をしっかりと伝えていくことがまず第一歩なのではないかと考えています。

一日一人、子どものよかったことを共有する！

HILLOCK初等部スクールディレクター　蓑手　章吾

私たち教師が保護者と接する機会というと、そのほとんどがケンカやトラブルといった「有事の際」になります。保護者の大半が、学校から電話がかかってきたとなると身構えることでしょう。それが続くと、教師は「凶報をもたらす存在」となってしまい、自ずと距離を置きたい存在となってしまいます。

クラス担任になったら、悪いことではなく、よかったことをどんどん伝えていきましょう。友だちに教科書を貸したとか、ゴミを拾ったなどの些細なことでも構いません。子どもがキラッと光った瞬間を、その日のうちに共有するのです。

電話をかけるのが一番ですが、地域によっては日中不在のご家庭も多いかと思います。そんなときは連絡帳や一筆箋でも構いません。子どもに「これ、おうちの人に渡してね」と言って託しましょう。保護者の方からしてみれば、学校から連絡が来てドキッとしているところに、先生からのよかった話があるわけですから、嬉しさも倍増ですよね。お返事を書いてくれる方も多くいます。

大切なのは二つ。一つ目は、お家の人からも子どもをほめてもらうことです。子どもは自分にとっての親と先生が、場所は違っても同じ視点で協力して自分を見てくれているんだと伝わるからです。子どもとの信頼関係が増すよい機会となります。

もう一つは、偏りなく全員に行うことです。無理せず、一日一人でも構いません。連絡をした子を名簿でチェックしておきましょう。自然と、自分がどの子に目が行きやすく、反対にどの子に目が届いていないのかを知るよい指標にもなります。

プラスの印象から保護者と知り合っておくと、ケンカやトラブルがあった際も敵対関係にならず、一緒に解決していこうという姿勢になります。そういう意味においては、年度当初に連絡する優先順位が高いのは、前年にトラブルを起こしがちだった子です。トラブル報告の前に、よかったことを報告して先手を打つ。最初が肝心、そのうえで尻すぼみになることなく、定期的によかったところを共有していける関係を築くといいでしょう。

子どもを「一緒に」育てる関係を

軽井沢風越学園教諭　村上　聡恵

私にも二十年以上前、初任者の時代がありました。新年度初めの保護者会で私に注がれる視線は、この若い女の先生でちゃんとやれるのかしら？という不安な目。私自身も、これからうまくやっていけるのかな……と不安いっぱいだったことが思い出されます。本来、保護者と私たち教師は子どものよりよい成長を支える同志のはずです。子どもを真ん中において、「一緒に」育てていくのだという気持ちで保護者と歩んでいきたいものです。ここでは、保護者との関係づくりで私が取り組んできたことを紹介します。目新しいことをしてきたわけではありませんが、教師の仕事はそういうことの積み重ねだとも言えるでしょう。

(1)「一緒に」子どもの成長を見ていく

「子どもが学校のことを何も話さないんです」という保護者の声を聞くことがあり

ます。私も、わが子が学校に行くようになって、思っている以上に学校の様子は伝わってこないのだなぁということに気付きました。保護者にとっては、分からないことが不安につながってしまうこともあります。ですから、こまめに学校での様子を伝えることを意識してきました。そのためのツールはいろいろ考えられます。学級だよりを書いたり、連絡帳で子どもの様子をお知らせしたり、電話をしたり……。その時々の自分と周りの状況を見ながら方法を変えていました。無理なく、こまめにがポイントです！

(2)「一緒に」子どもたちを育てる同志になる

先程書いたように、保護者の方たちは子どものよりよい成長を願う同志なのです。ですから、担任と保護者の関係づくりに加えて、保護者同士の関係づくりも大切にしようと考えています。保護者会は、そのために活用できるよい機会です。楽しく自己紹介し合う場をつくったり、子どもたちが学級で行ったゲームを体験してみたり、場を和ませつつ、お互いにおしゃべりできる時間をつくったり……。ちょっとした工夫で、子どもを「一緒に」育てる関係づくりの場となります。

保護者と「この子」のこれまでを尊重しよう

神奈川県公立小学校教諭　室田　萌香

学生時代の友人に会うと、必ずというほど聞かれることがあります。「やっぱり、モンスターペアレントっている？」。事実、私自身も初任者の頃は「家庭もない小娘が生意気な、と思われる」などと耳にし、「教師として頼りになると思われなくてはいけない」と考え、面談などではかなり気を張っていました。

初めて担任をしたとき、「自分は教育について学んできた」という自負がありました。「保護者に学校での困った行動を伝えなければ」という責任感を強くもち、伝え方には気を付けていましたが、自分が思うような協力を得られなかったときには「保護者は分かっていない」と考え、かなり追い詰めてしまったなと感じる出来事もありました。今思えば、まさに「小娘が生意気な」という案件です。

当たり前ですが、子どもと一番長く過ごしているのは保護者です。担任は、学校で長時間一緒に過ごしますが、あくまでその年だけのことです。でも保護者は、生まれた瞬間から何年も、「この子」だけを見てきているのです。「この子」に関するプロがどちらかは、言うに及ばないでしょう。本当の意味で保護者と連携をとる必要性に気付けたのは、中学年の担任をしたときのことでした。学習面以外の指導で頭を悩ませ、保護者に電話をしました。このとき、「ご家庭で指導してください」ではなく、「ご家庭ではどうされていますか?」と尋ねたところ、「そういうときには、こう言っています」と、まさに「この子」に響く言葉がけを教えてくださいました。それまでには、数えきれないほどの試行錯誤があったことでしょう。保護者の方が積み重ねてこられた時間と愛情が感じられ、自然と尊敬の念が湧きました。

学校教育を担う担任の立場だから見える子どもの姿があるように、家庭教育を担う保護者の立場だからこそ見える姿があります。同様に、担任が理想としている子どもの姿と、保護者が願う子どもの姿も異なります。互いの認識をすり合わせながら、多角的に子どもの姿を見取って、共に育てていくという意識が大切です。

リスペクトの気持ちを大事に

狛江市立狛江第三小学校指導教諭　森村　美和子

初任の頃、保護者会や面談など保護者対応が本当に心配で、前日から緊張してガチガチになり発言の台本までつくっていた思い出があります。また、保護者とうまくいかなかったり、クレームがあったり、本業の授業や子ども対応以外にこんな仕事があるのだと、思い知るような体験もたくさんしてきました。初任時代、知識も経験もないまま特別支援学級に配属されたのでなおさらでした。当時の保護者に「障害をもつ親の気持ちがわかりますか？　若い先生にはわからないでしょうね」と言われ落ち込んだこともありました。若い頃は、早く年を重ねて保護者と対等に話せる年齢になりたいと思っていました。

そんな経験のなかで、私が保護者との関係のなかで大切にしていること。それは「保護者をリスペクトする」ことです。子どものことを一番近くで知っているのは保護者です。お子さんをここまで育ててきた保護者の方に尊敬の念も持って、子どものことを教えてもらうというスタンスで接するように心がけています。すると自然と「すごいですね」「たいへんでしたね」「がんばっていますね」等、相手を思いやる言葉も出てきて関係性形成の基本になることも多くあります。

また時には、保護者と意見が食い違うことや言いづらいことも伝えなければいけない場面も起こります。そんなときには、面談や支援会議などの冒頭で、子どものことを応援しているという前提条件を共有することをお勧めします。「この支援会議は、○○さんのこれからの幸せを一緒に考えていく応援会議です」など。それぞれの立場からの意見が食い違うことがあっても、子どもの幸せを願っているという前提は一緒であることを伝えてから面談をスタートしています。それでも、うまくいかないことも起きます。一人でうまくいかないときには、必ずチームで対応することをお勧めします。先輩の先生と一緒に対応したり、管理職やSC、コーディネーターの先生とチームで動いたりすることが基本です。一人で抱え込まず、心配なことはすぐに誰でも相談しやすい同僚に伝え、共有してみましょう。

保護者懇談会で保護者も子どもも先生もハッピーに

福井県教育庁義務教育課主任　吉川　あき子

一学期の保護者懇談。一〇分間で保護者にどんなことを伝えますか？

保護者懇談の日の朝。校長先生は「仕事を休んで来てくれる保護者に『今日は来てよかった』と思って帰ってもらえる懇談にしてほしい」とよくおっしゃっていました。その方法はさまざまあると思いますが、私はよほどのことがない限り、子どものいいところだけをたくさん伝えるようにしていました。「困ったこと」を伝えても、子どもが変わるわけでもないことに、あるとき気づいたからです。そもそも本当に困ったことや心配な点を、一〇分程度の懇談の時間に伝えるのはむずかしいです。

ただ、子どものいいところをたくさん思い出すのも意外にむずかしいです。だから子ども本人に教えてもらいます。「懇談会で、みんながんばったことを伝えたい」と話し、①「学習」「行事」「係活動」「その他」などでがんばったこと、よかったこと、②「がんばっていたクラスメイトのこと」（これはすごく参考になります）、③「次学期（次年度）にチャレンジしたいこと」をたくさん書いてもらいます。

懇談が始まったらまず、「今日は来てくださりありがとうございます」と伝え、「……できるのが○○さんのすごいところだと思う。他の子たちも一目置いていた」「○○さんが……してくれて、すごく嬉しかった」などと具体的な様子を「教師の気持ち」を加えて笑顔で伝えます。逆に保護者のお気持ちも、共感とともにたくさんお聞きし、最後に、子どもが次学期にチャレンジしたいことを伝えて「今後も、応援をお願いします」としめくくります。保護者には、学校や学級、子どもたちの応援団になってもらえると嬉しいですよね。

懇談会での保護者のハッピーは、その日のうちに子どもに伝わります。次の日、子どもたちが元気に嬉しそうに登校してきたら先生もハッピーです。「一人の子どもの後ろには、何十人もその子を大切に思っている家族・親戚がついているんだよ。保護者にとって、子どもは宝なんだ」ある教育長の言葉です。「宝をともに大切に育てていきたい」という姿勢を、日々感じてもらえる教師でありたいと思います。

2章
上司との関係がととのう21の方法

たいへんなときもそうでないときも、声に出してアピールを

横浜市立みなとみらい本町小学校教諭　赤岡　鉄矢

学校では、教職員のそれぞれが何らかの主任になったり、担当になったりしています。そのなかでも上司と言えば、副校長（教頭）、校長です。学校の責任者であり、私たち教職員の管理者です。一年目のときにはよく分かっていませんでしたが、次第に、そういった方々は何らかのスペシャリストだということが分かります。にもかかわらず、わずか数年の自分が意見をしたり、反論したりと、今思えば恐れ多いことばかりしていました。締め切りのある書類を提出していなかったり、報告しなくてはならないことを後回しにしたり、かなり迷惑をかけていました。そのなかでも、洒落にならないのが初任者研修の提出書類や研修会の報告書、子どもの安全にかかわるものです。

初任者研修は国から定められているものと各自治体で定められているものがあり

ます。学校長にはそれを初任者に受けさせる義務があります。担任には、児童対応などでやむを得ない事情もあり、それぞれの教育委員会にはそれなりの対応処置もあります。ですから、うっかり締め切りを過ぎていたとしても、正直にそのことを伝えましょう。上司の方々はそういった職員をたくさん見てきていますので、温かく対応してくださると思います。

子どもの安全にかかわるものは、学校のなかでもとくに重要なことです。怪我のことや不祥事のことなど、管理職が把握していないがために大事になってしまったことも多くあります。私が初任のときに、子どもの学習用具が壊れていたことがありました。子どもたちから事情を聞き、子どもと私の間で解決して報告はしていませんでした。しかし、保護者の方にはきちんと伝わっておらず、大事になりました。そのときは、副校長も一緒にそのご家庭に足を運び、謝罪をしてくださいました。

管理職の方々はそれなりの修羅場を越えてきています。包み隠さずに報告すれば必ず力になってくれます。それは、先輩の先生方も同じです。放課後に職員室で、その日の出来事を全部聞いてもらうくらいでもいいと思います！

わからないことがあって当然。困ったときには素直に頼ろう

新宿区立富久小学校主任教諭　岩本　紅葉

教員は採用試験に受かった翌年から他の教員と同じように働かなければなりません。教育実習や大学の授業で学んだことは、教員としての仕事の一部でしかありません。しかし、教員という仕事は四月一日から新規採用の教員も他の教員と同じように働かなければならない雰囲気があります。何もわからない状態のまま教材の準備、学年の会議や職員会議、入学式に始業式と目まぐるしくスタートします。そして、一週間も経たないうちに教壇に立ち、子どもたちに指導しなければなりません。

そのため、「わからないことがあるけれど、周囲の教員も忙しそうだから訊くことができない」「困ったことがあっても自分の力で解決しなければならない」「他の教員と同じように一人前にならなければならない」と感じてしまう若手の方も多いのではないでしょうか。とくに責任感の強い方ほどそのように考える傾向にあるで

しょう。若手を育成するために初任者研修や二年次研修、三年次研修と設定されていますが、わからないことは日々発生し、研修だけで解決することは困難でしょう。若い頃はわからないことがたくさんあって当然です。わからないことは遠慮せずに先輩や上司の教員に訊きましょう。何でも訊くことができるのは若手の特権です。

私は若手の頃、上司に恵まれていました。職員室の隣に座っていた音楽専科の先輩からは専科としての働き方を学びました。年の近い先輩には飲み会やカラオケに連れて行ってもらい、相談にのってもらいました。主幹教諭の先輩からは、子どもとの接し方を教わりました。管理職の先生には他の学校の図工の授業や展覧会を見に行けるよう送り出していただき、図工について学ぶことができました。このように、私は初任校で上司に恵まれており、困ったことがあればすぐに上司に頼り、相談できる環境にありました。初任校ではそんな環境に身を置いていたので、右も左もわからなかった状態でも心身ともに健康に、そして、教員としての楽しさとやりがいを感じながら若い教員生活を過ごせたのだと思います。

私は現在教員一三年目で主任教諭となり、若手の教員の相談にのったり、指導したりする立場になりました。さまざまな若手の教員とかかわるようになって感じるのが、上司と良好な人間関係を築けている若手の教員ほど素直に頼り、わからないことをわからないままにせずに質問しているということです。逆に、上司を頼らず、わからないことがあっても自力で解決しようとする若手教員ほど、うまく人間関係を築けていないのです。

たとえば、あるアンケートの結果をエクセルでデータ入力する際のことです。その際は複数の教員が手分けしてデータ入力することになりました。しかし、若手の教員がエクセルでデータを入力した際に、数式を変えてはならないセルの数式を削除してしまい、データが誤ったデータに変換されてしまったことがありました。誤ったデータに変換してしまった若手教員は、エクセルの扱いになれていませんでした。それに加え、エクセルの使い方を訊くことへの羞恥心があったため、上司に訊かずデータを入力してしまったそうです。これにより、エクセルの数式を修正し、他の教員がすべてのデータを入力し直さなければならないという事態になりました。

また、上司にうまく頼ることができず、学級崩壊させてしまった若手教員もいました。周囲の教員はその若手教員に困っていることがないか話しかけたり、指導をしたりしていました。しかし、その教員はプライドが邪魔をしたのか、困っていることを相談できず、アドバイスをされた際にも聞く耳をもてませんでした。そして、その若手教員が行わなければならない校務分掌や子どもに返却しなければならないテストが溜まっていき、首が回らなくなり、学校を休むようになりました。他の教員が校務分掌やテストの採点を手伝ったのですが、その若手の教員は最終的に病気休暇を取り、そのまま復帰することなく、退職してしまいました。

この二人の若手教員は「自力で解決したい」という思いがあったのだと思います。そして、その思いから上司に頼ることができなかったのでしょう。もし、これを読んでいるあなたが「こんなことを訊いてもいいのか」「こんなことで頼ってもいいのか」なんて思っているとしたら、そんな考えはすぐにやめて気軽に上司を頼りましょう。どんなに仕事ができる上司でも、あなたと同じ立場の頃は多くの方に助けられたはずです。どんどん頼ること、それが上司とのよい人間関係を構築していくことにつながるはずです。

迷ったとき、分からないとき、すぐにSOSのサイン、出せますか？

小樽市立朝里中学校主幹教諭　金田　唯史

あなたは、仕事が分からなかったときに上司や先輩の教員に「この仕事、進め方が分からないのですが、教えていただけませんか」とSOSのサインをすぐに出すことができますか？　職員室で周りを見渡したとき、先生方が忙しそうだったり、聞いたことで「まだそんなこと分からないのか」と思われるのが恥ずかしかったりして、「どうしよう、この仕事分からない。誰かに聞きたいけど…」と、問題の解決へ向けて動き出すまでについつい時間がかかってしまったという経験はないでしょうか？

私は、新卒の教員や期限付きで初めて教員を経験する人に着任当初「今、どう動くのか、全く分からないでしょ。たとえば、ボートで大海原のど真ん中で、見渡す限り全部海で、周りに陸地が全く見えず不安な状態でしょ」と聞いています。そうするとほぼ全員が「そのとおりです。不安しかありません。やっていく自信が今のところありません」と答えてくれます。

なぜ、私がそのようなことを尋ねるのかというと、理由は、私自身も新卒当時に同じように不安な思いをしてきたから分かることなのです。あなたの勤務校の先輩方の誰もが通ってきた道です。だから、あなたが悩んでいることを、先輩の教員も分かっているので、ぜひ、困っているときはSOSのサインを遠慮せずに出しましょう。一人に聞いて納得のいく答えが聞けなければ、次の人に聞いてください。疑問や悩みが解決されなければ、あなた自身も辛いと思いますが、あなたの後ろにいるたくさんの生徒の不利益に直結してしまいます。

このようにSOSのサインを出すことで、上司や先輩の教員との共通の話題が生まれ、あなたを中心とした職場の人間関係が整っていくのではないでしょうか。

私が新卒一年目のとき、おろおろしていた私を見かねて、先輩の教員が「新卒の先生が『困ったな』とか、『先輩方に迷惑をかけたな』と感じていることは、だいたい自分たちにとってはさほど大きな問題でないことがほとんどだから、悩んでいる時間がもったいないので、遠慮なく質問に来て」と声をかけてくださったことを今でも鮮明に覚えています。そのときは嬉しかったし、何より「かっこいい」「こんな先輩教員になりたい」と思いました。

それから二十数年が経過しましたが、今でも分からないことはたくさんあります。ただ新卒時代の当初に比べると、分からないことを解決しようと、ある程度見当を付け、過去の簿冊や記録、公務サーバーにある該当ファイルを探し、分からないことを自分でも解決できるようになってきました。しかし、字面から自分が読み取る解釈と運用面等で違う場合もあり、どうしても細部が分からないこともあります。そのような困ったときに私は、上司や勤務校で経験年数が長い先生方に、「過去の簿冊やファイルには○○のように載っていましたが、○○は□□を踏まえて進めていけばいいですか」となるべく具体で聞くことを心がけています。

かつて、先輩の教員から「分からないことを聞くことは間違ってない。ただ、これから経験を積んでいくなかで、また絶対に同じような仕事をするから、先輩にすぐに聞きに行くのではなく、自分がそれまでに経験してきたことを踏まえ、『この仕事の進め方は△△の方向で進めたいのですが、先輩はどう思われますか』と自分の経験年数に応じた考えをしっかりともっておきなさい。また、その際には一つの案だけでなく、複数の代案も考えていったほうがなおいい」とアドバイスをいただいたことがあります。

上司や先輩の教員は、あなたが教員として成長していくことを期待しながら見守っています。分からないことがあれば支援もしてくれますし、アドバイスも伺うことができます。そしてなにより、あなたが先輩方の支援やアドバイスを参考にしながら、経験を積み重ねていくことに喜びを感じています。初任段階教員のときは経験の引き出しが少なく、先輩方の支援やアドバイスに的確に応えることはできないかもしれませんが、先輩方自身もかつて同じ道を歩んできましたから、あなたも自信をもって歩みを進めてください。あなたのがんばっている姿を誰かが必ず見ていますし、応援もしています。そして、あなたが経験を積んで中堅教諭やベテラン教諭になったときには、ぜひ新卒のときの自分の姿を思い出し、迷っている後輩の教員に道を示してあげてください。

聞いてくる後輩ほどかわいいもの

豊川市立小坂井中学校教諭　熊谷　雅之

まずは「すごい！」と思う上司を見つけましょう。その上司から学べば、格段に力がつきます。見抜く基準は「何を言っているか」ではなく、「何をしているか」であり、「それを受けた子どもの姿」です。もしくは「すごそう…」という直感（笑）。

⑴　シンプルにして最強の懐に入る術

直接聞きましょう。すごいなと思う先生があまりにも遠い存在に思えて、声をかけにくいですよね。しかし、逆の立場になって考えてみましょう。今までの人生でも、好意を寄せてくれる後輩ほど、可愛くなかったですか？

「○○ってどうやっていますか？」「○○で困っていて、どうしたらよいですか？」

頼りにされて嫌な気分になる人はほとんどいません。勇気を出して最高の上司を味方につけるか、勇気を出せずに変わらない日々にするのか、二者択一です。一番の悲劇は、「助けてください！」と言えないことです。

(2) 教えてもらったら必ずやってみる。そして感謝を伝える

頭でっかちにならず、すぐに実践しましょう。すると上司も「こいつ、なかなかやるな…」と一目置いてくれます。そして実践後には、やってみた感想と感謝を必ず伝えましょう。すると、また次も聞きに行きやすくなります。とにかく感謝や謝罪はすぐに。頼れる上司ほど筋を通すことを大切にする人が多いからです。

(3) 信頼できる上司には、こまめな報告・連絡・相談を徹底しよう

「報・連・相」はやっぱり大切です。メリットは、適切なアドバイスをもらえること、理解者（協力者）になってくれることです。たとえばある提案資料をつくることになり、一人でつくって企画会議に出し、「ダメ。つくり直して」と言われたときの精神的な苦痛といったら……。時間の無駄を避けることができます。

聞いても教えてくれない上司、思いやりのない上司はあなたから見限りましょう。知識と経験が少ないだけで、けっしてベテランに劣っているわけではありません。若い人を大切にしない業界こそ斜陽です。若い人が輝く教育界へ！

やりたいことをやるために意思決定の道筋を見極める

東久留米市立南町小学校教諭　小泉　志信

学校現場に入って三ヵ月で全校生徒参加のzoomでの集会をし、起業までした僕ですがたくさんの失敗もしました。自分のやりたいことを学校現場で形にするためには、意思決定権が誰にあって、どうやって話を進めていくのかが大切です。

全生徒参加のzoomでの集会は、学校全体を巻き込む規模のものでした。そのため、意思決定権は校長先生にありました。その規模の企画を実現できたのは、子どもがやりたいものであったからです。委員会活動でコロナ禍でも全校生徒で集会がしたいという意見が出て、どうすれば形にできるのか委員会担当の教員で検討し、そのうえで校長先生に提案しました。意思決定のプロセスとしては、子どもから委員会担当の先生、校長先生という順でした。だからこそ、この企画は形になりました。

その一方で、実現しなかった企画はクラスにゲストティーチャーを呼ぼうとしたことです。ゲストティーチャーをクラスだけに呼ぼうとし、校長先生に提案してから学年の先生に提案しました。しかし、これがうまくいきませんでした。校長先生がよくても、学年の先生に話が通らず、企画は振り出しに戻りました。クラス間での格差を生まないために学年の先生にまず話を通す必要がありました。クラス単位で何かをするときは、学年の先生に話を通してから校長先生に提案する順を踏まないといけません。また、クラス単位ではなく、学年単位でみんなを幸せにすること、子どもの学びに繋がるようにデザインすることが大切だと強く感じます。

一方で、起業や複業に関しては、校長先生と教育委員会の承諾が必要です。順としては校長先生に話を通し、その後校長先生から教育委員会に書類を送ってもらいます。起業や複業については教員の校務に支障が出ないように設計し、学校の仕事にも全力で取り組むことが必要不可欠です。なぜなら信頼があって初めてできることだからです。

自分のやりたいことを形にするために、必要な道筋を理解し、タイミングを待ち、準備しておく。初任でもベテランでもこれは変わらないと思います。

上司にはどんどん教えを請うべし

国立市立国立第七小学校教諭　櫻木　崇史

「上司」といわれるとどのような立場の方を思い浮かべるでしょうか。「管理職の先生」「教務主任の先生」ですね。それ以外にも「学年主任の先生」などがあげられます。私が教員になりたての頃、管理職の先生は「ちょっと怖い」「報連（相はしてなかったと思います）の関係」といったイメージでした。それは私自身、未熟なところが多く、指導されることが多かったからかもしれません。しかし、今となってはそれら一つひとつが糧となっています。

初めて担任をもって二ヵ月経ったころでしょうか、子どもとのかかわり方に悩みをもち始めていました。各教室を巡回していた校長先生と教室で話すことがありました。ふと「子どもとどうかかわったらいいか分かりません！」と思いをぶつけました。すると「そうだね、たとえば髪型を変えたときに、『かっこいい』って言われたら嬉しくない？」「子どもの持ち物や服装、そんなところを気にかけて声を掛けてみなよ」と助言をもらいました。ついつい、勉強ができるようになったとか、今の発言は……といった学習に関する姿に目を向けていましたが（だんだん言うことがなくなってありきたりなことしか言えなくなるんですよね）、身なりやその子が好きなものに触れることのほうがかえって、子どもは嬉しいですよね。そんな助言が、私のコミュニケーションの幅を広げてくれました。

教師は「教えることが好き」な生き物です。また教えたことが成果につながることが一番の喜びです。授業のことでもいいですし、子どもとのかかわり方についてでもいいです。疑問や不安に思うことをぶつけてみてはどうでしょう。それが上司とかかわる第一歩となり、よりよい関係性が構築されていきます。そして必ずその成果を報告しにいきましょう。そこから新たな話題が生まれるかもしれませんね。

上司と呼ばれる先生方の多くは教科・領域の専門性だけでなく、多様な引き出しをおもちです。きっと教師としての視野を広くしてくれますよ。はじめは敷居が高いかもしれませんが、一歩踏み出してみましょう。

ザッソウ（雑談と相談）を繰り返す

調布市立多摩川小学校指導教諭　庄子　寛之

これを読んでいるみなさんの管理職のイメージはどのようなものでしょうか？

「校長先生って、具体的に何をしているのかよく分からない」

「教頭先生（副校長先生）は、とにかくなんでも屋でたいへんそう」

「授業できないのは楽しいのかな？」

教員一年目の私はそんなふうに思っていました。


管理職は、やりがいがある一方で孤独です。そして、ほとんどの管理職が、元々は担任の先生でした。今も担任をしたい人もたくさんいます。そんな管理職の先生に、一年目のあなたがすべきことは「ザッソウを繰り返す」ことです。

用もないのに校長室に行くって、勇気がいりませんか？　でも、校長先生になったと思って考えてください。初任の若者が、勇気を出して校長室に来てくれた。それってうれしくないですか？

一年目にすべきことは、愛される行動をとることです。一年目だから、右も左も分からなくて当然。失敗していいのです。大事なことは、失敗を隠さないこと。周りに頼ること。これは、管理職の先生にも変わりません。

「人は長所で尊敬され、短所で愛される」という言葉があります。とにかく笑顔でいること。愛される存在でいてください。

管理職の些細な変化に気づいてください。髪を切ったり、いつもと違う服になっていたり、来る時間がいつもと違ったりしたら、すぐ声をかけてください。この雑談が、後々とても大切になってきます。

真剣な相談もどんどんしましょう。頼られることは、うれしいものです。ときには分かりきっているようなことでも、聞いてみましょう。あなたにとってもたくさんの気付きが生まれるはずです。

何があってもまずは相談

板橋区立中台中学校教諭　鈴木　亮

教職について六年になりますが、現在も上司の先生にご迷惑をおかけしながら仕事をしています。そのなかで恐れ多いのですが、この仕事は経験のない若手の先生がご迷惑をおかけしてしまうことがあるのは当たり前だと考えています。ほとんどの先生方はそのようなことを百も承知で一緒に仕事をしてくださっているので、一度や二度の失敗で上司との関係が悪くなることはありません。

そのうえで上司との関係を良好にするため大事なことは「まず相談」です。たとえば初めて担任になったときは自分のやりたいことがたくさんあるはずです。ですが多くのことはうまくいかず他の先生方にご迷惑をおかけすることになります。まずは何でも上司の先生方に相談してみましょう。経験上、自分のやりたいことが全然違っていても上司の先生方に教えていただいたとおりに行動したほうがうまくいきます。はじめはご迷惑をおかけすることが多くても、上司の先生方からご指導いただくことでその回数も減っていきます。その繰り返しで自分のやり方でもうまくいくことが増えて、他の先生方にご迷惑やご負担をおかけすることなく、良好な関係のなかで仕事をすることができます。はじめは相談することでお手を煩わしてしまうことが気になりますが、勝手なことをしてご迷惑をおかけするほうが後々お手を煩わせます。

それでも何も相談せずに自分のやり方があるからと、上司の先生方の指導を受け入れずに行動する人がいます。経験上そのような先生は何も変化がないため、周りに迷惑をかけ続けながら仕事をし続けます。他の先生方との関係が大きく悪くなるのはこのパターンしかないと思っています。実際に仕事をするなかでうまくいかず他の先生に迷惑をかけても「自分のやり方があるから」と上司の先生からのお話を聞かなかった人の人間関係が悪くなってしまった様子も見聞きしたことがあります。謙虚さをもち他の先生方の教えを受け入れ成長していけば自然と関係性はよくなっていきます。

いつでも、なんでも聞いて

練馬区立北町西小学校教諭　関根　章浩

上司との関係をしっかりするためには、「なんでも聞くこと」「誰に対しても感謝すること」が大切です。学校にはいろんな先生がいますが、基本的に教えることが好きな人たちなので、質問されて嫌な顔をする人はいません。また、上司はさまざまな校務に追われて忙しそうに見えますが、どんな些細なことでも、臆さず聞くことが大切です。質問することを怠け、自己流で突っ走ってしまうと、かえって周りの先生の仕事や負担を増やすことにも繋がりかねません。その代わり、忘れてならないのが教えてもらったら、すぐに感謝を伝えることです。それだけで、関係はしっかりと築けるはずです。加えて、日頃からたくさんコミュニケーションをとって質問しやすい環境をつくることも大切です。実は、昨今は先輩方もさまざまな方面に気を使うあまり、手厚く教えたり、コミュニケーションをとったりすることに臆病になっている場合もあるそうです。学年主任を務めるようになった今、初任の先生には本心からはっきり伝えます。「いつでも、何でも聞いてね」と。

初任の私は、これができず、一人で何でもやってしまおうとするフシがありました。分かっているつもり、できるつもりになっていました。夢だった教師になったばかりの私は、根拠のない自信がなぜかありました。加えて忙しそうな学年主任に話しかけるタイミングが分からず、勝手な授業をし、助言をもらったときも曖昧な返事ばかりしていました。今でも、ふとした瞬間に当時の自分を思い出して震えます。ついに学年主任に、かなり厳しめに叱られてしまいました。しかし、このことが教員としての自分自身を見つめ直すきっかけになりました。

「なんで怒られているのか考えなさい」。落ち込む私に掛けた別の先生の言葉で、自分を振り返り、ようやく周りが見えていない自分の恐ろしさや、自分のためにたくさんの上司が動いてくれていたことに気付きました。初任者の視野の狭さ。今でも、大切なことに気付かせてもらった当時の学年主任には感謝しています。

立場と視点の違いを理解したうえで、信頼を築く

東京都公立小学校教諭　田渕　翠

原稿を書くにあたり、「私にとっての上司って誰だ？」と考えました。先輩教員たちは、私と同じ「担任の先生」をしているから、「上司」という肩書がしっくりこないのです。ここでは管理職の先生方（校長先生や副校長先生）や教育委員会の先生方を「上司」とします。

よく、「管理職や教育委員会は何も分かってない！」という声を聞きますが、上司は私たちとは違う視点で学校のことを考えなくてはいけないので、考え方のずれは起こるものだと思います。私たちは毎日、自分のクラスの三〇人の子どものことを考えていますが、校長先生は一二クラス×三〇人のことを考えなければなりません。つまり、学校全体のことを考えて仕事をしています。教育委員会なら、自治体のなかの何十校ものことを総合的に考えているはずです。どれも大切な仕事ですが、

「視点が違うのだから、考え方のずれは当然起こる」と考えておいたほうが、「上司は何も分かってくれない！」という気持ちにならずに済みます。なので、普段から少しでも雑談や近況報告をして、お互いの考え方を確認することが大切だと思っています。

また、管理職の先生方は学校を代表して責任を取る立場にあります。みなさんが「学校を挙げてこんな取り組みをしたい」と考えても、許可を出すのは管理職の先生方です。普段から信頼があれば許可が降りるものでも、そうでなければむずかしい、ということもあるでしょう。お互いに人間ですから、「何を言うか」だけでなく、「誰が言うか」も大切になります。「上司に好かれるタイプ」といった人柄の問題もあるかもしれませんが、根底にあるのは「信頼」です。子どもたちの活動を円滑に進めていくためにも、上司には信頼されていたほうが省エネだし、はっきり言って得です。そのためにも、普段から問題が起こったときには管理職や学年主任に相談する、提出物の期限は守る、電話の取り次ぎは正確にする、などの小さな信頼を積み重ねることが大切だと感じています。

なぜ？をたくさん聞き合おう

横浜市立旭小学校教諭　玉置　哲也

職員室の中では、「来年度からは、みんなで○○をしましょう」というような「教育方法」を統一するような話をすることが多くあります。ただ、一人ひとりの教員に目を向けてみると、教員になった理由もめざす教育もさまざまです。このような状況では、自分が何かやりたいと思っても「A先生（先輩）がダメって言うかな…」というような感じで、やる前に諦めてしまうというようなことがあります。私も初任の頃、同じような思いをもち、自分のやりたいことを教室でこっそり行ったり我慢したりすることが多々ありました。

私は昨年度異動をして、新しい学校に赴任し、五年生の学年主任になりました。一緒に学年を組んだ三人は全員一○歳以上年下でした。私は算数で単元内自由進度という方法をとっています。一人ひとり取り組んでいる内容が違ったり、席を移動して友だちと相談したりしています。後から聞いた話なのですが、他の三人は私の授業を見て、放課後にいろいろなモヤモヤを話していたそうです。あるとき、学年を組んでいる一人が「玉置先生の算数ってどんな感じなんですか」と職員室で質問してくれました。方法についての質問だったのですが、私は方法を伝えながら、「授業中に一人ひとりのことを観ることが一番の仕事だと思っている」「一人ひとり課題を感じることが違っていて、それにできる限り応じたい」というような「なぜ、このような方法をとっているのか」を伝えるようにしました。その話以来、目的に共感してくれたのか、同じ学年のメンバーが同じような算数の方法をとったり、授業の相談をしてくれたりするようになりました。

同じ教員という職業でも、一緒に働くと同僚や上司に対して考え方や指導方法の違いにモヤモヤすることがあります。それを無理やり分かり合おうとする必要はないと思います。ただ、その相手の方が「なぜ、そのような教育方法をとるのか」ということを知るだけで、自分とは違う考え方の教員の見方が変わるのではないかと考えています。

教師本能をくすぐれ！

江東区立臨海小学校教諭　長澤　秀哲

　私の職場の上司は、教えたり何かを伝えたりすることが非常にお上手です。また、私が何か困ったことがあるときに、すぐに気付き、声をかけてアドバイスをくださったり……。ベテランであればあるほど、人に寄り添い、導くことに長けていると感じます。学級担任としての経験により培われたスキルでもあると思います。

　そんな先輩教師の方々とより良好な関係が築けたら、仕事もよりうまく進めていけるだろうと思いましたが、初任の頃はうまくいかず悩んでいました。というのも、自分は大学で経験したり学んだりしたことを、早く実践したい！というやる気がありましたが、その気持ちが強すぎて、指導教官の話を素直に聞けなかったり、自分から助けを求めたりできませんでした。プライドやこだわりはとても大切なものだと思います。しかし、それが強すぎると自分の首を絞めることに気付きました。

今自分は、さまざまな仕事を任され、先輩方にいろいろとお聞きしたり、仕事を振ったりさせていただいています。そのときに、「教えてください！」という姿勢を大切にしています。「自分なりに考えてみたんですけど……」「これってどういうことですか？」など、迷ったり悩んだりするときはすぐ助けを求めています。

数年前から、道徳の教材研究をする際、ノートに構想を書き出し、余裕があるときには実際に黒板を使って板書構成も考えます。本で学んだこと、研究会で知ったことをまずは自分の力で再構成し、指導書に書かれているものから、自分と自分の学級の子どもたちが織りなすことができるものに修正、昇華させます。ただ、悩むときもあります。そこで、先輩に「先生だったら、ここはどんな発問をされますか？」とお聞きします。いつも快く質問に答えてくれるだけでなく、さまざまな見方・考え方を教えてくださいます。

上司との良好な関係を築く方法は、ゴマをすったりするだけではないと思います。教えてほしい、助けてほしいと聞いて突き放す先生はおそらくいないです。教師本能をくすぐるアクションがとれれば、次第に良好な関係が築いていけるでしょう。

"気"を遣わず"心"を遣う

横浜市立鴨居中学校教諭　中村　悟

「上司…」は、厳しい、威圧的、理不尽、気分屋、考え方が古い、自慢が多い……など、さまざまな悩みがあるでしょう。自分は、相手の考えていることや興味などについて関心をもつようにしています。

以前、先輩が昨年度までの仕事を、自分に引き継ぐときに「この仕事たいへんだったんですよ。今年、よろしく」と散々文句を言って丸投げされたことがあります。「どうしよう。何もわからない。……」と不安と戸惑い、怒りに襲われました。自分で資料の内容をイメージしながら解読し、計画を立てるのですが、やったことがない仕事なので、イメージができません。勇気を振り絞って、その先生に尋ねました。いきなり仕事の内容を聞くと自分のことしか考えていない感じがあったので、「実際、どんなことがたいへんだったのか？」（どうしてそのような発言になったのか?）を質問してみました。すると「よく聞いてくれた」とこちらに心を向けてくれました。そんな会話を数日することで、いろいろなことがイメージできました。

自分自身が相手の話に興味がないとその感情が相手に伝わり関係が悪くなります。そんなとき「どうしてこう考えるのだろうか?」「どうしてそう思うのだろうか?」「どうしてあのような判断をしたのだろうか?」と「どうして」にフォーカスすることで、多様な考え方を知ることができ、自分の考え方・思考の深化につながります。つまり、他者の関心に関心をもつことだと考えています。

さらに「先日は、いろいろなお話を聞かせていただきをありがとうございました」とメモ用紙に感謝の言葉を書いて伝えていました。そして、仕事の進捗状況も伝えることにしています。「秘密主義はNG」「自己開示」「細かくすばやいホウ・レン・ソウ」「厳しい助言をもらったときほど、そのことに感謝を伝えること」が大事なのではないでしょうか。

最後に。今は、このような状況なのでなかなか実施できませんが飲み会は、お互いを知り合う大切な行事だと思います。

「聞くこと」「真似をすること」「信用すること」「見つけること」

京都市立岩倉北小学校教諭　中村　瑞穂

小学校にはさまざまな上司の方がいます。小学校は、一年間で直近の上司（学年主任の先生）が変わることが多くあります。これは他の一般的な会社からしたら珍しい例かと思います。ですが、さまざまな上司と出会うからこそ、さまざまなすばらしい先生に出会うということです。私自身は本当に職場環境にも恵まれ、すてきな先生方と一緒に働くことができました。そのため、上司の方との関係性で困ったことはありません。しかし、友だちの話を聞くと、上司の方との関係性に悩んでいた人もいました。今回は私が上司の方たちと接するときに大事にしていること、そして友だちが苦手な上司との関係をどう乗り越えたのかを話したいと思います。

まず私が大切にしていることは、何でも聞いて何でも真似するということです。まず「聞く」ことについてです。私が大切にしている言葉のなかに「先生にとっては、教師歴のなかの一年にすぎないかもしれないけれど、子どもにとっては人生で二度と来ない一年である」という言葉があります。一年目のときは、右も左も分からない状態ではありますが、子どもたちにとってはそんなことは関係ありません。一人で悩む時間はもったいないと私は考えます。だからこそ、分からないことは素直に聞いて、行動したほうがよいと思います。また一年目の頃は、学年の仕事を上司である先生が肩代わりしてくれていることが多いのです。「何かできることないですか」「授業準備一緒にします」と、自分からたくさん聞くことによって、仕事内容も覚えられるし、次から上司の先生だけがすることも少なくなると考えます。自分から聞かないと行動することができないので、まずはたくさん聞き、相談することを、私は大切にしていました。次に「真似する」ことですが、一年目の頃は、とにかく周りの先生方の様子を見て真似をしました。掲示物や丸付けの仕方、子どもへの指導の仕方など、本当に勉強になることばかりです。私がよくしていたことは、放課後に先輩方の教室の掲示物を見に行くことです。掲示物は勉強や学級経営の足跡です。それらを見て思った疑問などは担任の先生に聞きに行くこともありました。勉強になりますし、同じ学年の先生以外とも少し距離が近くなるので一石二鳥です。真似をすることで、仕事にも慣れ、先輩方ともお話しできる余裕も持てるようになったと思います。私は上司との関係を整えるためには、「報連相」が大事であると考えます。「報連相」がしやすい関係性をつくるためには、なんでも聞くことができ、自分が仕事を早く覚え、学年の仕事にも参加できることが大事であると考えます。なので、「聞き」「真似をする」ことが一年目のときには、上司との関係を整えるために必要なことだと私は思います。

次は友だちの話をします。私の友だちは、一年目のとき、気が合わない先輩と同じ学年を持つことになったそうですが、そのときに意識したことが、私もとても大切であると思いました。一つ目は、「上司を信用する」です。たとえば、自分の考えと合わないときでも、上司の意見を優先すること等です。これは、自分の意見を言わないということではありません。自分よりも何年も教師という職業をされている先輩は、私たちが考えたり見えること以上のことを考え、見えていると思います。自分とは違う意見だったとしても、上司を信じることがよい結果を生むと思います。

二つ目は、「よいところをたくさん見つける」です。もしかしたら、提出物の期限にいつも間に合わない先輩もいるかもしれません。あまり笑わず何を考えているか分からない先輩もいるかもしれません。そんな先生方を「尊敬できないな」と思ってしまうのは、とてももったいないと思います。提出物は間に合わなくても、アイデアが豊富で楽しいクラスづくりをしている先生や、笑わないけれど、授業がおもしろくこだわりを持って取り組んでおられる先生など、その先生方のすごいところをどんどん見つけていけば、新しく見えてくることがきっとあります。その先輩のすてきなところを見つけたら今以上にもっと話しやすく、かかわりやすくなったと友だちも言っていました。だから、上司のよいところをたくさん見つけることは、よりよい関係をつくる第一歩であると考えます。

これからの教師人生で、本当にたくさんのすてきな先生方に出会います。若いうちに、聞けることをどんどん聞いて、先輩方のような先生になり、いつか私も周りからすてきな先生だと思われたいと考えています。

その立場にしか見えないことがある

練馬区立石神井台小学校主任教諭　二川　佳祐

若いとき、僕はこんなことを思っていました。

「なんでこんなに何でもかんでもダメって言うんだ」「もっとこっちのことを考えてほしい」「どうしてこんなことをするのか。もっと効率的なことがあるのに」。

そんなことを生意気に思って、時には態度に出していたと思います。今となっては「あのときは若かったなあ」と思えますが、それに気づいたのは、自分がその立場に立ったときです。

たとえば学年主任。初めて学年主任になったときに、学級で足並みをそろえる大切さを知りました。夕方に行う学年会の大切さが身に染みました。これまでたくさん、自分に合わせてくれていたんだということにも気が付きました。他にも避難訓練担当。毎月行う避難訓練担当の先生が、計画を立てて実施して振り返りもして、次年度の計画も立てる。これがどれだけたいへんな仕事か、子どもたちの命にとって大切な仕事かは、担当するまではわかりませんでした。

同じように、校長先生や学年主任の先生の気持ちというのはなかなか若い頃には想像ができないものです（今でもわかっていることなんてほんの一握りだと思います）。責任があるからこそ、決められるものがある。決められるからこそ責任が生まれる。決定する人はときに孤独で多くの悩みを抱えているものです。担任である自分の悩みなんて子どもたちからは想像ができないように、管理職の先生の思いは若いときの僕には想像だにできませんでした。だからこそ、その立場にいる方へのリスペクトを忘れないようにすること、感謝の気持ちを伝え続けることを若い人には大切にし続けてほしいです。その立場になって初めて見えることがある、その意識を常に持って仕事に臨めば自然と謙虚な気持ちになると思います。

最後に、矛盾するようですが、謙虚になりすぎて大人しすぎてしまうのもよくないと思っています。若いからこそできることを思いきってやることも上司は望んでたりします。感謝と思いきりを大切にしてください。

指導はしっかりと受け止める

江戸川区立平井小学校教諭　本多　泰夫

私が初任者だったとき、学級内でいじめがありました。ある男の子が、特定の女の子に対してのみ、嫌がらせを繰り返していたのです。何度も指導を繰り返し行ってきましたが、それでも止められないという状態が続いていました。

そんなある日、嫌がらせをされている女の子の保護者から管理職に連絡があり、何とかその男の子の行動を止めさせるように相談がありました。私は校長室に呼び出され、事実確認をされました。

そのときの私の態度は最悪だったと思います。「こちらはきちんと対応している。無視をしているわけではない。なのに、なんでこんなことになるんだ」という気持ちがわいてきていました。管理職に「この件は、保護者の方も心配されているから、しっかりと対応しなくちゃいけないよ」と指導を受けたとき、「分かってます。やらなきゃいけないんですよね」とケンカ腰で言い返してしまいました。その態度はさすがに管理職にきつく指導されました。

しかし、その後、どのように対応するかなど、再発防止のために一緒になって考えてくださいました。そのおかげで、女の子への嫌がらせは落ち着き、女の子の保護者は安心してこちらにその後の対応を任せてくれるようになりました。

この件から学んだことは、管理職からの指導は、しっかりと受け止め、対応していくことが大切であるということです。先人の知恵や経験は、何よりも頼りになることがあります。自分はしっかりと対応しているという自負があったとしても、実際には、事態は改善されていなかったのですから、しっかりと事態を受け止め、指導を請うことが一番の解決策となります。若さゆえの傲慢さで、やり抜こうとしても限界があります。管理職や上司の教えに対して、謙虚になるということを忘れてはいけません。

なるべく多くのことを質問する！

HILLOCK初等部スクールディレクター　蓑手　章吾

校長先生！というと、なんだか遠い存在に感じますよね。しかしほとんどの場合、校長先生だって元現場教員。失敗を重ねた若手時代だってあるでしょうし、チャレンジを重ねた中堅時代もあるかもしれません。

一方で、校長という役職は孤独でもあります。職員室から離れた校長室で、日々現場教員とは違う種類の仕事をし、時には反対を押し切りながら、責任をもって最終判断を行う。教師たちから嫌われたり、疎まれたりすることだって少なくありません。

若いうちは、若手の特権を生かしながら、校長室をノックして校長先生にどんどん質問してみるといいでしょう。教育技術や授業の相談、保護者対応の悩み……どんなことでも構いません。経験豊富で知見も広い校長先生から、よいアドバイスや事例をもらえることも多くあることでしょう。

校長先生としても、せっかくここまで培ってきたノウハウをアウトプットしたくてうずうずしている、なんてことはよくあります。校長という役職になるとなかなか実践できる場がなく、かといって現場教員に要求することもはばかっている、なんて話もよく聞きます。そんな校長先生にとって、自分の学校で初任を迎えた若手は特別です。なんとか育ててあげたいと思っているものです。そんな若手から実践的な質問をされたら嬉しいに決まっているし、それに応える時間はたっぷりあるはずです。遠慮は要りません。

校長先生と関係をつくっておくことは、自分にとっても大きなメリットがあります。というのも、学校全体の方針を決めるのは他でもない、校長です。学年や学校全体で何かチャレンジしたいことがあるとき、責任を負って許可してくれる人こそ校長先生なのです。校長先生の教育観を聞きながら理解し、そのうえで自分のチャレンジしたいことと重ね合わせながら、自分のことを応援してもらえる関係になることは、巡り巡って目の前の子どもたちの恩恵にもつながります。

等身大の自分を見せる、伝える

軽井沢風越学園教諭　村上　聡恵

週案簿とは、その週の学習指導の計画やおおまかな授業展開、子どもたちの学習や生活状況などを記録するものです。私は今でも、初任者から二〇代の頃の週案簿を大切にとってあります。その週にあったことを振り返り、次の週に取り組むことを書く。その週案簿を金曜日の帰りに提出することで、一週間の仕事に区切りをつけていました。月曜日の朝は、校長先生・副校長先生からのお返事を読むことからスタート。一筆箋何枚にもわたって書かれた励ましの言葉、アドバイスに、元気をもらっていました。当時の校長先生、副校長先生に返していただいたたくさんの言葉を読み返すと、あぁ、私は大切に育てていただいたのだなぁと感謝の気持ちでいっぱいになります。

私が週案簿に書いていたことと言えば、子どもの対応で悩んでいること、授業で失敗してくやしかったこと、ちょっと手ごたえを感じられてうれしかったこと、この先チャレンジしてみたいと思っていることなどなど……。今、読み返してみると、若さと勢いしかなかった私そのものが表れています。

そんな私から若手教員の皆さんにお伝えできることは、等身大の自分の〝今〟を見せること、伝えることの大切さです。戸惑いや悩み、今がんばっていることを素直にありのままに、自分の言葉で校長先生、副校長先生にお伝えするといいですよ、ということでしょうか。若手教員の皆さんは、経験が少ないのですから失敗するのは当たり前。分からないことがあって当然です。そんなときは、積極的に聞く。また、前向きにがんばっていることがあれば、「見に来ていただけませんか？」とお願いをしてみる。そういう自分の〝今〟を伝えることによって、力になりたい、助けたいと思ってくれる上司はたくさんいるはずです。じっくりと話をする時間をとれないときは、ぜひ、週案簿も活用してみてください。週案簿は毎週提出するものですから、管理職とこまめなコミュニケーションをとるうえでのよいツールとなることでしょう。そして、教師としての原点を記す大切なものになりますよ。

レベルアップの合い言葉は「イエス」

神奈川県公立小学校教諭　室田　萌香

まず初めに恥を忍んでお伝えしなければならないことなのですが、私は初任者のときの直属の上司である学年主任兼指導担当の先生に、年度末に一年間の働きぶりを踏まえて「じゃじゃ馬」と評されています。その私がそれなりにやってこられているのは、その先生の教えと、周りの温かさがあってこそです。

まず、経験が浅いうちは、上司との関係は基本的に「指導する側」と「指導される側」になります。いろいろな人がいるとは思いますが、たいていは、こちらの成長を思った内容です。教師としての振る舞い、子どもとのかかわり方、授業づくり、文書の文言まで、初任者のときにはあらゆる面で指導を受けました。厳しいと感じる指摘もありましたが、経験を重ねた今振り返って思うのは、本当に必要なことを厳選して伝えてくれていたのだということです。指導担当の先生には、「一年目に身に付けたやり方がその後のベースになる」と繰り返し言われました。実際、私の教育観と仕事へ向かう姿勢は、一年目から変わっていません。細かいところでは教室掲示や学級通信のレイアウトも、ベースはそのままです。そのときは疑問に思っても、とにかく「はい」と聞き、どれだけ素直に学べるかでその後が変わってきます。

また、「上から指示された仕事は受けなさい」とも教わりました。やりたい仕事とやりたくない仕事がありますが、教員の視点は個人であり、管理職の視点は組織です。学校は、組織です。よりよい組織で仕事をすることは、結局は自分の働きやすさに繋がります。それでも、自分を守るためにどうしても何か伝えなければいけないときは、他の人の力も借りて伝えます。苦しい時期もありましたが、同僚や総括教諭の先生、他機関の方の力なども借りながら、乗り越えることができました。

私自身は素直とは程遠い振る舞いだったと思いますが、それでも見放さず根気強くかかわっていただけたことに感謝しています。教えてもらえる人になり、たくさんのことを吸収して、よい関係を築いていってください。

価値観が違うことからスタートする

狛江市立狛江第三小学校指導教諭　森村　美和子

年度の終わりが近づくと、次はどの学年や役職を担当するのかと同時に、誰と学年を組むのか、どのチームで仕事をするのか気になってきます。毎年四月に、学年や担任、役割が変化する教師という仕事のたいへんさの一つだと感じます。一緒に組む年上の先生や主任、管理職といった上司との関係形成については、誰もが一度は悩み苦労した経験があるのではないかと思います。それもそのはず。一〇も二〇も年齢差がある先輩もいますし、教育観や経験値も違います。もしかすると、初めからうまくいくことが前提ではなく、価値観が違う前提からスタートしたほうがいいのかもしれません。そのうえで関係がととのうポイントを紹介したいと思います。

学校生活は本当に忙しいです。次々に取り組む課題や準備、会議に追われたり、予期せぬトラブルが起きたり、後で伝えようと思ってもうっかりなんてことも日常です。上司の立場から言うと何か起きたときや相談は早めだと次の対応が取りやすく本当に助かります。直接伝えられなくても、メモを渡す、場合によっては学年などのSNSを活用するなど、連絡方法を事前に学年や主任の先生と相談しておくといいかもしれませんね。先輩としても、どんなに忙しくても相談されると嬉しいものですし、なんとかチームで一緒に考えたいと対応することがほとんどです。いくつかの手段を決めて早めに伝えてみるようにトライしましょう。それでも、なかなか学年の先生に言いにくいなんてことも起きます。そんなときは、校内に相談しやすい人を数人見つけておくことや、このテーマならこの人に聞くという得意な先生などをリサーチしておくといざというときに助かるかもしれませんね。

時には学校という職場の限られた人間関係のなかで、行き詰まりを感じることもあるかもしれません。そんなとき、学校外の先生や仲間と繋がっておくことをお勧めします。今はオンラインなどの研修会もあり外部と繋がりやすくなっています。相談先を多く持つことで、対応方法も考えやすくなるかもしれません。ぜひ、一人で悩まず、まずは愚痴でも悩みでも誰かに話すことから始めてみてくださいね。

校長先生、教頭先生って何をしている人だと思いますか？

福井県教育庁義務教育課主任　吉川　あき子

ふと気が付くと、いつも絶妙なタイミングで、教室の後ろからこっそり授業を眺めていている校長先生と教頭先生。普段何してるか、知ってますか？

現役の教師時代。式での校長先生のお話が長くなると（ごめんなさい…）「この話を校長室で考えているのかなあ……。他に何してるんだろうか」などと暢気なことを考えていた私ですが、学校現場から離れて東京や横浜、福井でたくさんの校長先生と出会い、お話を聞く機会をいただいたことで、初めて分かったことがあります。

○校長先生が、教職員を自分の学級の子どものように思っていること。

○そのなかでもとりわけ、若い先生たちを、まるで「守らなければいけない、一番の心配な教え子」のように大切に思っていること。

○先生の、一年後、五年後、一〇年後の未来の姿、先生がつくる教育の未来をイメージして「仕事を任せている」こと。

○若い先生を、まるで自慢のわが子であるかのように「よくやってくれている」「うちの先生はすごいんだ」と嬉しそうに語ってくれる方が多いこと。

○若い先生が苦労していると、実は、「辛い思いをさせてしまった」と心を痛め、いっぱい迷い悩み、「何とかがんばってほしい」と願い、見守っていること。

○「○○先生のことを頼む」とこっそり校長先生からお願いされた教頭先生や先輩先生たちが、職員室で先生の様子を見守り、育てようとしていること。

威厳に満ちた校長先生も、物静かな校長先生も、お話好きでひょうきんな校長先生も、「厳しい言葉」「温かい言葉」のなかに、「思い」が溢れているのです。

そんな姿を見るたびに私は、もう退職してしまったかつてのたくさんの校長先生、教頭先生のことを思い出すのです。そして今、私が若い教師時代に戻ったら、こっそり見守ってくれていた校長先生や教頭先生に何と声をかけるだろうか?と、ふと考えるのです。

先生の学校の、校長先生、教頭先生は何をしている人だと思いますか?

3章

同僚との関係がひろがる21の方法

机と向き合っているだけが先生の仕事じゃないということ

横浜市立みなとみらい本町小学校教諭　赤岡　鉄矢

思い起こせば、私の周りにはおもしろい先生たちがたくさんいたように思います。側溝の網を使って飯盒炊飯をし、技術員の方に怒られた人。夏休みになり、出勤の際にセミの抜け殻を袋いっぱいに拾ってくる人。近所にいたからという理由で、巨大なカエルを学校に持ってきた人。皆さんが思い思いに自分のおもしろいと思うことや自分で考えたことを子どもたちに提案し、一緒に学んでいました。近年の教職員への風当たりの強さを考えると、少しはらはらする気もします。

放課後には「今日、おもしろいと思って○○をしてみたら、大失敗だった」とか、「今度の単元でこれをやってみようと思っている」とか話していました。おもしろい取り組みや教材を思いついては、話をしてあれこれダメ出しをし合っていました。今思うと、それがとても楽しかったと思います。最近では、教育関係への目が厳しくなり、教育課程や規則などに縛られてしまう先生も多いのではないかと思います。学生から社会人となり、たいへんな思いをしない人はいないと思います。やってしまった後悔を引きずって辛い思いをするよりも、この先どうしようかと頭を悩ませるほうが健全だと思います。そういうことを話せるのが同僚であり、先輩だと思います。おもしろいと思ってやったことも先輩と話していると「それはうまくいかないよ（笑）。もっとこうしたら？」とアドバイスをもらえます。私は、自分の失敗をたくさん話してくれる先輩に、ことあるごとに相談をしていました。

とにかく、何があったとか、誰とどうしたとかたくさん話せることが、自分自身も相手にとってもよいことだと思います。私は放課後に先生たちでバレーボールやバスケットボールなどで遊んだりもしました。そういう時間がいつもあったらいいなと思います。先輩がそういう声を掛けてくれると嬉しいのですが、近ごろは皆さん忙しくてそうもいかないみたいです。担任一年目は何かと気を使うことが多いですが、同年代の同僚と遊ぶ時間がつくれるよう相談してみてください。そうしたら、先輩たちもおもしろそうだと参加してくれると思います。

自分の力を過信するべからず。謙虚に学び続けよう

新宿区立富久小学校主任教諭　岩本　紅葉

教員としてある程度経験を積むと、校務分掌や学級経営などが思いどおりにこなせるようになり、自信がついてきます。この本を手にしているあなたは、本を読んで勉強をしようという意志がある、向上心のある方だと推察いたします。知識が増え、思いどおりに仕事ができるようになってきている時期の方も多いことでしょう。しかし、そんな時期こそ謙虚であることが大切です。

私は初任の頃、小規模校に勤めていたので、空き時間がたくさんありました。そこで、空き時間を使って他の教員の授業を参観させていただいたり、空き時間の教員に校務分掌について教えていただいたりしました。また、時には自転車に乗って他の学校の図工の授業を参観させていただくこともありました。多くのことをインプットすると、自然と自信がついてきます。知識が増えた分、校務分掌をこなすス

ピードも上がり、授業力も向上していたと思います。しかし、そこで私は謙虚な気持ちを忘れて自信過剰になってしまったのです。担任の授業では真剣に取り組まない子どもが自分の授業では真剣に取り組んでくれている、自分より経験年数のある教員より自分のほうが校務分掌をこなすのが早いなど、自分の力を過信してしまっていたのです。その思いは行動や表情にも表出してしまっていたことでしょう。

たとえば、夏休み明けに子どもたちの自由工作を特別教室に展示してミニ展覧会を行いたいと提案したことがあります。事前に同僚に相談せず、管理職にのみ実施したい旨を伝え、職員会議で提案しました。同僚に相談しなくても新しい企画を実施できる自信があったのです。同僚にとっては寝耳に水の状態でしたが、職員会議でその企画は通り、夏休み明けのミニ展覧会を実施することとなりました。しかし、蓋をあけてみると、私一人では展示場所を見守ることができず、私が見守りをできない時間帯には他の教員にも展示場所を見守っていただくことになりました。見守りの当番の依頼や提案もできていない状態で、同僚の教員に迷惑をかけてしまいました。また、夏休みの自由工作を教室に展示しようと考えていた同僚もいたので、その予定も狂わせてしまいました。自分の力を過信せず、提案する前に同僚に相談していればこれらは防ぐことができました。これをきっかけに、私は自分の力を過信することの危険性を感じ、謙虚になろうと心がけるようになりました。

謙虚になろうと意識したことで、同僚との関係がひろがった事例も紹介します。私が教員二年目の頃のことです。当時勤務していた小学校が近くにある中学校と統合され、一体型の小中一貫校になりました。今まで別の場所で過ごしていた中学生と小学生が同じ校舎で過ごすことになったのです。もちろん、今まで別の職員室で過ごしていた小学校教員と中学校教員も同じ職員室で過ごすことになりました。

そこで大きな衝突が発生しました。小学校と中学校では文化が異なります。たとえば、避難訓練の場合です。小学生は走ると危険なので校庭に出た際にも歩いて避難をします。しかし、中学生は校庭に出たら走って避難をするのです。これは発達段階の違いによるものです。校庭に出た際に、小学生は走ってしまうと転倒してしまう可能性が高いため走らせたくないという小学校教員の考えと、中学生は走っても転倒する可能性が低いため迅速に安全な場所に移動させたいという中学校教員の考えが衝突しました。避難訓練以外にも、運動会や展覧会などの学校行事や研究授業や会議の進め方など、校種による考え方の違いが多く、衝突が何度も勃発しました。とくに、ベテランの教員ほどその校種で長く務めてきた習慣が根強く、自信もあったため、職員室は緊迫した空気に包まれていました。

しかし、私は経験年数が浅かったので、衝突が起こった際には進んで中学校の教員に話しかけ、理由を教えてもらいました。小学校の教員と中学校の教員の仲を取り持ちたいという気遣いというよりは、わからないから教えてもらいたいという気持ちからきた行動でした。しかし、こちらが話しかけると、中学校の教員も気軽に私に声をかけてくれるようになりました。最終的には、小学校教員と中学校教員がプライベートで飲み会をしたり、スノーボードをしに行ったりする仲になりました。

仕事に慣れてくると自信がついてきます。しかし、どんなに教員としての経験年数を積んだとしても自分の知らないことは無限にあります。自信をもつことはいいことではありますが、それに過信せず、謙虚に学び続けようとする姿勢が同僚に好印象を与え、よりよい関係を築くことにつながるでしょう。

些細なことでも同僚と会話や相談ができていますか？

小樽市立朝里中学校主幹教諭　金田　唯史

最近、ベテランの先生が「最近は忙しくて生徒の情報を共有する時間をつくるのがむずかしい。若い先生方には困ったことがあったらもっと声に出してほしいのになぁ。自分の若い頃はもっと生徒のことを何人もの先生方で話したものだけどなぁ」と話していたことを耳にしました。

確かに、放課後の職員室を見ると、放課後学習のサポートや部活動指導で先生方が職員室にいないことが多く、その日の出来事を学年の先生方全員で共有する機会が減っているように感じます。また、先生方がいても、教材研究やテストの採点、学級通信等の作成とパソコンに向き合い黙々と作業をしている先生方がほとんどです。

そのような状況のなかで、生徒指導事案の電話が学校にかかってきたとします。

その電話はあなたの隣の学級の保護者からで、今日発生した生徒指導事案について説明を求められるものでした。その事案についてあなたは何も知らされてないです し、そもそも初任段階教員で経験も不足しており、どのような順序で解決に迫るべきか全く分からない状況にありました。そのような状況でも判断をしなければならないことがあります。その際あなたは、どのように対応するでしょうか。

このケースだと、完全に生徒指導が後手に回ってしまうことが予想されます。それでは、このケースを回避するためには、どのようなことをしておけばよかったのでしょうか。やはり、どんなに忙しくても、生徒指導事案は解決の優先順位が高いことから、時間をみつけて、当該学級の学級担任から学年の副担任や各学級の学級担任、さらには生徒指導主事、管理職等に一言情報入力をする必要があるのではないでしょうか。

「報告・連絡・相談」(ホウ・レン・ソウ)ということばがありますが、時間がない、忙しいときこそ、それを確実に行うようにすべきです。共有の時間は、職員室以外、たとえば、同じ学年であれば、授業と授業の合間の休み時間に廊下のスペースで共有し、報告を受けた人がさらに違う人に伝えていくなどの方法が考えられます。

生徒指導だけでなく、日常の生徒や学級の様子、授業進度や教材研究の進め方等について、同僚と会話をしたり、相談をしたりすることができていますか？　また、困っていることや悩んでいることを一人で抱え込んでいませんか？　けっして一人で問題を抱え込んで自分を責めないでくださいね。よい流れのときはすべてが順調に回っていきますが、そうではない悪い流れのときも必ず訪れます。そんな悪い流れのときこそ、同僚や上司に対して援助希求のサインを出してください。複数の人で悩みごとを考えると、必ずよい解決方法がみつかるはずです。

会話がない職場を想像してください。息が詰まりそうですよね。会話がないと各教員が各々の経験や考えに基づき、方向性が定まらないまま生徒にアプローチしていくリスクが高まってしまいます。これこそ時間の無駄です。生徒にとってプラスになりません。

生徒への支援を充実させるために、複数の視点から生徒を見取ることによって、生徒を多角的・多面的に理解することができます。さらに、自分とは違った同僚の生徒に対する着眼点や、思考の仕方などが分かったり、学べたりもします。また、それをきっかけとして、同僚との会話が進むことも考えられますし、なによりも共通認識をもって生徒に対応することができるので、チームとして組織的な動きをとることにもつながります。

学校には、さまざまな経験をした先輩の先生がたくさんいます。私は初任校では年齢が一番下、二校目は中くらい、三校目は平均年齢より下でした。市町村が違えばそこにいる先生方の平均年齢にも差が出ます。

私は、教科指導、生徒指導、部活動指導等で、同じ勤務校の先輩や後輩を含め、同僚から多くのことを学びました。一緒に苦楽をともにしたすばらしい仲間です。勤務校は違えど、今でもつながりがある仲間は私の財産です。お互いに困ったときには、相談することで、今でも自分が考えもつかなかった新たな視点を提示してくれることもあります。「同じ釜の飯」を食べたもの同士のつながりを私は今後も大切にしていきたいです。

あなたも、一〇年、二〇年と経験を積み重ねるうちに、自分に影響を与えてくれるすばらしい同僚や一生の友人となる仲間と巡り会うことができるはずです。

あなたこそが職場の主人公

豊川市立小坂井中学校教諭　熊谷　雅之

同僚とのよい関係づくりは、自然にできあがることを待っていてはいけません。人任せ、環境任せでは、勤務した先々で振り回され続けます。若いあなたこそが、職員室の主人公です。若いからこそできることがあります。

⑴　声に出して笑う

同僚との会話中に声に出して笑う、これが大事です。楽しいところに人は集まります。そして笑顔は感染しますから、必ずあなたの周りにプラスのエネルギーが溢れます。若い先生から職員室でよく笑い、職員室を変えましょう！　笑顔は幸せの結果というよりも、むしろ幸せを生む原因です。

⑵　同僚の「すごい！」を話題に

「そういえば、子どもが先生の授業を楽しいと言っていました！」とか。「そういえば、学年集会の先生の話、とても勉強になりました！」とか。「そういえば」からはじめる会話で同僚に「すごい！」を伝えましょう。お世辞はいりません。根底には同僚への感謝とリスペクトが大切です。職場にがんばりを認め合う雰囲気を。

(3) 同僚の失敗を非難するのはご法度

同僚が仕事で失敗したときこそ、「僕も失敗だらけです！」とか言って一緒に笑い合えたら最高です。絶対に非難・陰口だけはやめましょう。癖になります。同僚の失敗に対しては、「お互いさま」の精神をもつと、寛容になれます。自分の失敗を棚にあげずに。助けてもらったことを忘れずに。あなたから職場に許し合う雰囲気を。

(4) 現場に直行しよう

今は両手で自分の仕事を。しかしいずれは右手で自分の仕事、左手は困っている同僚のために使える人になりたいですね。重い腰をあげて、現場に直行しましょう。「体育大会当日の朝準備」「先輩の生徒指導」など、現場のなかに学びの宝があります。若い先生の「学ぼうという姿勢」「できることはないかという姿勢」は、それだけで職場に初心の大切さを思い起こさせます。職場に助け合う雰囲気を。

待つのではなく自分から行動すべし

東久留米市立南町小学校教諭　小泉　志信

初任者のときは、わからないことがわかりませんでした。学校現場にはマニュアルになってない仕事もあり、僕は何が仕事かわからず、何をしたらいいのかわからず、やる直前になって困ることがありました。そんなときに頼りになるのが同僚の先生です。初任者にとって、同僚の先生との関係は生き抜くうえで大きな助けとなります。僕は不器用なので、相手のことを尊敬しているのにうまく伝わらないことがあります。尊敬しているのに、自分のやりたいことが邪魔をして、自分の行動から相手への尊敬がうまく伝わらないのです。そんな僕だからこそ大切にしたのは、自分から行動することです。周囲との関係の有無にかかわらず、かかわってもらうためのきっかけをつくり続けることが大切です。

僕は先輩への頼り方が下手です。下手なので、かかわってもらうために不器用なりにできることをやりました。朝も帰りもできるだけ全員に挨拶して、職員室のプリンターの紙を補充し、職員室の洗い場を掃除しました。これを毎日続けました。がんばった結果として自分が学校に貢献できているところがあると、それを誰かが見てくれていて、そこから話ができました。不器用なりの居場所のつくり方です。

ここまでやらずとも同僚と信頼関係を築く一番の方法は、困ったときにちゃんと頼ることです。初任者は指導教員が忙しそうにしていると指導教員のためを思って聞くのを後回しにしています。その結果、声をかけるタイミングを逃し続けて、自分で困り事を抱え込んでしまいます。でも、困り事を抱え込み、初任者がうまくいかないほうが指導教員は困ります。だから、困ったときは聞くことから始めてみましょう。思っているよりも簡単に答えてくれます。なぜなら忙しそうに見える指導教員は、忙しさに慣れていることも多いので、初任者の話を聞く余裕はあることが多いのです。聞いてもらえるのを待つのではなく、勇気を持って聞いてみてほしいです。困っていることは言わないとわかりません。相手から何かしてもらうのを待つのではなく、自分から行動することを大切にしてほしいです。

同僚には挨拶を必ずすべし

国立市立国立第七小学校教諭　櫻木　崇史

タイトルにもあるように「挨拶すべし」ですが、「そんなこと当たり前では？」とお思いの方もいるでしょう。しかし、毎日のことだとついつい忘れがちになることがあります。朝、職員室に入ったときに必ず挨拶できていますか。経験談を踏まえながら、その当たり前の大切さについて述べます。

私は朝が弱く、出勤時の挨拶が正直苦手でした。そんなある日「ちゃんと挨拶くらいしなよ」と先輩に朝一番に叱られたことがあります（笑）。自分では言ったつもりでも相手に届いていなかったのでしょうね。もしかしたら声に出さなくとも、不快に思われていた方がいたかもしれません。それが一つのきっかけとなり、出勤時の全体への挨拶だけでなく、すれ違った方への挨拶を欠かさず行うように心がけるようになりました。挨拶をきっかけにそこから会話へと発展していくこともしばしば。子どもに「○○先生、おはようございます！」と言われたらやはり嬉しいですよね。それは同僚も同じなのです。

私は朝の挨拶だけでなく、学期末には管理職の先生へ「今学期もご指導ありがとうございました。おかげさまで無事終えることができました」と事あるごとに挨拶を行うようにしてきました。それは学年主任として若い先生と仕事をするようになってからも、そのことを伝えています。元気に挨拶をしても、ときにそっけない態度をされることがあるでしょう。しかし、それはそれ。それ以上にあなたをすてきな人柄と認めてくれる方が増えていくはずです。どんな相手に対しても敬意をもって接していくことが基本です。それが信頼関係を結ぶことになり、ちょっとの失敗でも周りが助けてくれますよ。朝の忙しい時間にお茶くみをするより、毎日の元気な挨拶が一番です。ぜひ、明日から今以上に意識してみてください。同僚との関係構築には「おはようございます」「ありがとうございます」「お疲れさまでした」「無事うまくいきました」、これに勝るものはありません。

言いづらいことをあのとき指摘してくださった先輩には、今でも感謝しています。

愛嬌と人のために貢献する力

調布市立多摩川小学校指導教諭　庄子　寛之

二章の上司との関係でも書かせてもらいましたが、教員経験年数の少ないあなたは、職場のなかでは若者です。ちなみに私は教員歴一八年目となりますが、まだ職員室では真ん中の年齢です。これから何年も、若者として同僚と過ごさなくてはなりません。

そこでのポイントは、「愛され力」です。愛され力は、人のために貢献する力と、愛嬌でできています。一つひとつ説明しますね。

まずは、人のために貢献する力です。若者であるあなたが、学級経営でいっぱいいっぱいになるのは仕方ありません。だからこそ、職員室では、人のために行動しようとしてみてください。

たとえば電話。電話対応は時間がとられますので、誰もがしたくありません。そんな仕事を率先して対応することで、周りの同僚の先生があなたのことを認めてくれるようになります。

仕事が増えてますますたいへんになるように見えるかもしれませんが、そんなことはありません。そういう、人のために行動し続けることで、たくさんの先生があなたのために行動してくれるようになります。

二つ目は、愛嬌です。あなたはまだ若いのだから、できないことがあって当たり前です。できないときは、周りの先生に頼る。教えてもらったら、「ありがとうございます」と笑顔で伝える。その繰り返しが、同僚の先生方との関係を広げる鍵です。

最近では働き方改革や、新型コロナウイルス感染症防止の観点から、夜の飲み会での付き合いなどが減ってきています。だからこそ、職員室で本音で雑談することが、あなたのためはもちろん、職員全員のためになるのです。

バカでドジなふりを演じましょう。空気が重くなったらふざけましょう。笑いがあることで、仕事のしやすい職員室になっていきます。

とにかく遠慮をしないこと

板橋区立中台中学校教諭　鈴木　亮

学校の現場では言いたいことが言えるタイミングが少ないです。たとえば職員会議で若手の先生方は自分から何かを言うことはむずかしいでしょう。このようなことがストレスに感じる人も多いと思います。

ですから同僚との関係は「互いに言いたいことが言える関係性」が仕事を続けていくうえでいい関係性だと考えています。私はイライラすることがあってもそれを同僚の先生方へ愚痴をこぼすことでなんとかしています。まずは自分から言いたいことを言うことが大事です。すると相手からも話をされることが増えてくるはずです。私はとくに自分のクラスで起きたことをよく話しています。子どもとかかわっていると嬉しいことやイライラすることも多いので、それが話すきっかけになっていきます。互いに教員であれば子どもの話はよく盛りあがるので、悩んだときは話のネタにしてみましょう。そこから悩みの解決や新しい発見につながることもあるかもしれません。また私が同僚との関係がよくなったと感じるときはプライベートの話ができるようになったときです。気を使わずに話してくれるようになったと感じるので、関係が深まらないと感じるときはプライベートの話をしてみましょう。

あとは遠慮なく仕事をお願いしましょう。学校の行事など自分だけでは仕事が多すぎる場合、仕事を割り振ることが大切です。同僚と互いに仕事で体を壊さないように仕事をお願いし合えるようにまずは自分から遠慮なくお願いして、仕事をお願いされたときは快く受け入れていきましょう。もちろん無理は禁物です。

このような話があっても同僚との人間関係がうまくいかない人は自分からコミュニケーションをとることが苦手な人だと思います。ですが公立学校であれば異動があるので人間関係がどうしようもなくなってしまったら異動すればよいと気軽に考えることが大事です。思いつめて教育への熱意があるのに辞めてしまうのはもったいないです。そんなときは管理職に相談し、異動することも考えてみましょう。

すべての出会いを大切に

練馬区立北町西小学校教諭　関根　章浩

私はたくさんの同僚や先輩、後輩との関係に恵まれてきました。これは、本当にラッキーなことです。私の初任校には、同期採用の先生が自分を含めて五人もいました。よくご飯を食べに行き、たくさん話しました。区の初任者研修で同じグループだった先生方とは、九州旅行に行きました。他にも、夏休みに自転車に乗って羽田空港から奥多摩湖まで多摩川沿いを遡上したり、工場夜景を見に行ったりと、どの方も、私にとって大切な人たちです。

学校では、仕事が始まった一週間後には先輩方と同じように子どもたちの前に立ち、授業をしなければなりません。ベテランも初任者も子どもたちにとっては同じ先生です。はじめて一週間の先生が、何もかも先輩と同じようにうまくいくわけがありません。「何が分かっていないのか」も分からないのが初任者なのです。だから、同じ悩みを共感し合い、気兼ねなく話し合ったり、上司には言いにくいことを相談したりするのに同僚の先生はとても大切な存在です。少し話をするだけで心が軽くなります。クラスの子どもの様子や、おもしろかった出来事、腹が立った話。好きなこと、得意なこと。どんなことでも話すと意外な共通点から関係が広がっていきます。また、先生は勤務校だけでなく、日本中にたくさんいます。同じ教科を研究している先生、研修会でたまたま同じグループになった先生。そんなすべての先生方との出会いを大切にすることが大切です。

また、お互いを高め合うために、お互いの指導方法や仕事ぶりはお互いによく観察し合いました。「宿題って、そういうシステムでやるの⁉」「あの声かけの仕方、今度やってみよう」など、たくさん真似しました。「学ぶ」の語源は「真似ぶ」だそうです。そして、「いいな」と思ったことは素直に伝え合うようにしました。「それ、めっちゃいいな」こんなふうに自分の考えや、やっていることを誉めてくれる同僚の先生がいたことで、私は「もっとがんばろう」という気持ちになりました。

先輩だけど「同僚」。主な仕事内容は同じなのだから

東京都公立小学校教諭　田渕　翠

初任時も今も、私は同期配属の先生がいないので先輩教師についてお話しします。先輩教師たちも授業に生活指導、保護者との連携など、若手の私たちと同じ仕事をしています（現実は校務分掌があり、私たちよりもたくさんの仕事があるのですが）。先輩も私たちと同じように子どもや保護者との関係に悩むこともあります。そう考えると、先輩たちも共に同じ仕事をしている同僚だと思いませんか？

もちろん、同じ仕事をしているならば、先輩よりもうまくいかないことが多いです。「先輩のクラスに比べてうちは……」と、落ち込む気持ちも大切ですが、それで終わってはもったいないなと思います。先輩に助けを求めれば、経験を生かして、教材研究から生活指導まで、何でも教えてくれるでしょう。教師になる人は教えることが好きで親切な人が多いです。「若手のうちは何を聞いても笑われないし、怒

られないから何でも聞きなさい」と、よく言われています。聞けることは何でも聞いて、知識をたくわえていきましょう。

しかし私たち若手も一人の教師ですから、先輩に教えてもらうときには「私だったら」「私の学級・学年だったら」という視点も「同僚として」持つべきだと思います。たとえばクラスを構成する子どもたちの気質が違うのに、隣のクラスの実践をそのまま持ってきてもうまくいきません。私もよく、他クラスの実践を「真似してみたい！」と思いますが、「『今のクラスの子どもたちに必要かな？』と考え直すように心がけなくてはいけない」と反省しています。

普段の事務仕事では、会計作業や簡単なお便りの作成など、若手の私にもできる学年の雑務は引き受けています。「下っ端の私がやらないと！」という気持ちではなく、「○○先生は校務分掌が重たいし、いつも私にいろいろと教えてくれる。だからここは手伝おう」という気持ちで仕事ができる環境だと最高ですね。もちろん、慣れるまでは周りに聞いて進めていきましょう。事務仕事は三、四年目の若手教師に聞くのがおすすめです。

つながりをさまざまな場所に

横浜市立旭小学校教諭　玉置　哲也

一概に同僚と言っても勤務する学校によって人数や関係性がさまざまです。これまで三校で勤務してきましたが、一番大切なことはオープンマインドで過ごすことだと思います。

私が一番大事にしていることは、自分から話しかけることです。朝、顔を合わせたときに、挨拶するのは当然ですし、誰でも行うことです。ただ、私が働くなかで感じているのは、勤務中に廊下ですれ違うときに無言ですれ違う人が結構多いということです。私は、一日に何度すれ違っても必ず「おつかれさまです」と声をかけるようにしています。そして、できれば「寒いですねー」「さっきはありがとうございました」などと言葉も添えるようにしています。「量が質を生む」という言葉がありますが、たくさん声をかけ合った経験が話しかけやすさにつながると感じています。五秒もかからない言葉のやりとりを繰り返すことで、互いにとって話しかけやすい存在になるのではないかと信じています。

もう一つ心がけていることがあります。それは、積極的に学校外に出て、人と出会うことです。教員は、公的、民間問わず、たくさんの研修会などが行われており、違う学校に所属している教員に出会うチャンスが数多くあります。「同僚との関係をひろげる方法なのに、なぜ校外？」と考える方もいるのではないでしょうか。教員は、基本的に所属している学校の人以外とかかわる機会が少ないので、人間関係も固定化しがちです。そのなかには気が合う人、合わない人、いろいろいると思います。職場の人間関係に悩みを抱えてしまったときに、その悩みを同じ職場の人に相談しづらいこともあるかもしれません。そんなときに家と職場以外の「サードプレイス」をもち、気軽に相談できる場所をもっておくと、職場の人間関係を気楽にとらえることができ、同僚にもより優しい気持ちでかかわることができるのではないでしょうか。私は、職場の同僚よりも研究会の仲間に相談したり助けられたりすることで、職場の人たちにも大らかに接することができていると感じています。

話のネタが落ちている場所

江東区立臨海小学校教諭　長澤　秀哲

当たり前ですが、コミュニケーションなしに同僚との関係は築けません。私も同い年の同期がいましたが、あまり自分から話しかけられませんでした。が、徐々に共通の話題ができ、体育発表会や水泳指導の話だけでなく、もっとフランクな話ができるようになりました。その話のネタとは、同僚のクラスの子どもたちのことです。では、その話のネタはどこに落ちているのか。

同僚の教室だけではありません。校庭や、学校のいろいろなところで見付けることができます。学校で働く以上、自分の学級の子どもたち以外にも、いろいろな子たちと会います。二年目くらいからは、少し自分の行動範囲というか、視野が広がり、同僚のクラスの子たちと話をしたり、またその子たちの会話を聞いたりする機会も増えました。「こんなこと話していたよ」とか、「〇年生の子たちは今こんなことしているんだね」みたいに、話のネタをストックしておき、放課後などにその話をします。私はそんな感じで共通の話題をもとに、同僚と仲良くなりました（私は話下手なもので……）。その後、空いている時間に授業を見に行ったり、授業や子どものことで悩んでいることを話したりする機会も増えました。やはり、上司に相談するのとは違い、気兼ねなく言えたり、今同じ状況を味わっているが故の共感性があったりして、同僚の存在は非常に大切だとつくづく感じます。

また、お互いのクラスのことを知ることは、自分にとってだけでなく、相手にとってのメリットになる可能性もあります。自分では気付かなかった、学級や子どもたちの様子、授業をする自分の姿が分かります。まさにウイン・ウインの関係です。

別に、同僚との関係を築くために子どもの話をしなきゃいけないわけではありません。趣味の話でもいいし、ニュースで見聞きした話でもいいと思います。が、私はやっぱり目の前の子どもたちの話をするのが一番楽しいですし、その子たちの成長の話ができると、なんか嬉しくないですか？　そんな話のネタは学校中に転がっています。気分転換に、話のネタ探しに校内散歩でもいかがでしょうか。

ワクワクを一緒に！

横浜市立鴨居中学校教諭　中村　悟

教員採用試験に合格し、いよいよ職場に配属され、ドキドキしながら出勤したことを覚えています。教科指導・学級経営・校務分掌・部活動指導・保護者対応など一度に多くのことに取り組み右も左も分からず、不安で何をしていいのかわからない毎日でした。そのようななかで先輩から「どのように学校が動いているのか、先輩の動きを観察し、マネできることをいっぱい盗みなさい」とアドバイスをいただきました。

しかし、一人では、何が正解なのか判断が付きません。そこで、年が近い同僚の先生とよく話をしました。学校のチャイムが鳴ってしまうとお互い仕事が始まり、話をすることができません。また、放課後は一日のなかで一番忙しい時間帯なので会話はむずかしいです。だから、朝少し早めに出勤し、早く来ている同僚とコミュニケーションを取る工夫をしていました。朝、いいですよ。お互いリフレッシュした気持ちで心の余裕があるので、前向きな会話になります。ただし、話をするということは、相手の時間をいただくことなので、なるべく端的に話をまとめていました。

話す内容は、自分たちがドキドキ・ワクワクするような話題が多いです。時には、愚痴もありますが（笑）。たとえば、このような話題です。①おもしろ動画を作成し全体で視聴する計画を立てる、②違う業種の方を紹介していただき学校運営につなげる、③他県で自己研修を行う計画を立てる、④そもそも教育って何？ ⑤雑談。とくに重要なのは⑤の雑談です。自分の知識の幅がどんどん広くなり楽しくなります。今も昔も変わらず行ってきたコミュニケーションの方法。同じ時間、同じ体験を共有することでお互いのことがよくわかり、信頼関係を築くことができます。

現在、コロナ感染状況が続くなか、同僚と一緒に過ごすのも簡単ではなく、コロナ前によく行っていたリアルな笑い、楽しみ、喜びなどを保つことが困難になり、前より人との関係づくりがむずかしくなっています。コミュニケーションの新しいスタイルを発見していく必要があります。でも、「ワクワクを一緒に！」の軸がブレなければいいと思います。

仲のよい同僚がいなかった私が一期一会の出会いを大切にしたら

京都市立岩倉北小学校教諭　中村　瑞穂

前提として、私は職場関係での友だちがたくさんいるほうではありません。コロナ真っ只中の一年目。これまでやっていた学校での歓迎会やお疲れ様会、一年目の研修や交流会等がいっさいなく、職場以上の関係を持つことがとてもむずかしかったのです。私自身、「学校関係で仲のよい同僚をつくりましょう」とは、思ってはいません。しかし、三年目の今は仲のよい同僚はいます。今回は、今この文を読んでいる人のなかで、「仲のよい同僚がいない」と悩んでいる人に大丈夫だよ、もしくは、「仲のよい同僚をつくりたい」と悩んでいる人に私はこうやって仲良くなったよ、と伝えたいと思います。

まず、同僚との関係を深めたきっかけ、意識したことを話したいと思います。一年目の頃は、正直プライベートでご飯に行くような仲のよい同僚はもちろん、先輩もいませんでした。職場では優しくなんでも相談できる先輩方でしたが、あくまで職場の枠のなかだけだったように感じます。また私自身も少し遠慮して接していました。私自身は先輩方との関係性に不安を抱いていたことはいっさいなかったのですが、関係がぐっと広がったと感じるようになったのは二年目のときでした。新しい先生が着任され、初めての後輩ができました。私は、一年目のとき、たくさん話しかけていただいたことを思い出し、私もそうありたいと感じていたため、新しく来た先生や、後輩に自分からも話しかけるようになりました。学校のことだけではなく、自分の趣味や、最近のたわいもないこと、相手への質問など……。そうすると、一年目のときよりも仲がよい先生が本当に増えました。ありきたりなことではあると思いますが、「自分から話す」ことは、人と仲を深めるのに一番大切なことだと思います。一年目のときにも、遠慮せずどんどん話しかけに行けばよかったなと思いました。また、普段から話しかけることを意識していたら、段々と意識せずとも話すのが普通になっていきます。そうすると、学年を超えて生徒指導問題があったときや、相談したいときなどに、遠慮することなく声をかけやすくなります。

だからこそ、一つ踏み出して、積極的に声をかけてみてください。むずかしい人は挨拶からでもいいと思います。できることから始めてみてほしいです。

自分から話しかけよう。と、先ほどまで話していましたが、もし「仲のよい同僚がいない」と悩んでいる方がいたら、私は大丈夫と伝えたいです。私は無理に、同僚と仲良くならなくてもいいと思っています。職場関係の仲がよいことはいいことだとは思いますが、無理に仲良くなる必要はないと思います。「仲良くならないと」と、プレッシャーを感じて仕事をすることは楽しくありません。そんな思いをしてまで仕事をする必要はないと思います。小学校は、毎年教職員の入れ替わりがあります。仲のよかった先生と離れることもあるかもしれませんが、仲良くなれる先生と出会うこともあります。もし今、仲のよい同僚がいないのは、まだ気の合う同僚と出会っていないだけで、きっといつか出会います。そして、自分の居場所は職場だけではありません。家族や学生時代の友人、恋人や趣味仲間等々、職場もいろんな居場所のなかの一つだと思い、軽い気持ちで過ごしてほしいです。気張ることなく、自分らしくいることで、できる関係性もあると思います。だからこそ、

「仲のよい同僚」がいなくとも「同僚とのよい関係」を築くことができると思います。もし今不安に思っている方がいたら、ぼちぼちいこうと、自分に語りかけてください。

最後に私は、学校以外の友だちも大切ですが、同じ職種の友だちや同僚もとても大切だと考えます。やっぱり自分のしんどさを一番分かってくれるのは、同じように苦しんだ経験のある人だと思います。また、こんなことで悩んでいると相談したときに、「うちの学校ではこうしてるよ」「こんな方法したら、うまいことといったよ！」とお互いにアドバイスが言える関係はとても勉強になります。お互いの学校のいいところを共有できることで、お互い成長でき、いい関係性がつくれると思います。新しく多くの人とかかわりをつくるのはむずかしいかもしれませんが、今できた関係を大切にすることは、そこまでむずかしくはありません。日頃から感謝を伝えたり、相談したり、たわいもない話をしたりしながら、繋がりを大事にすれば、きっと数年後には、たくさんの関係ができているのではないでしょうか。だからこそ、私は一期一会と思い、今ある出会いを大切にしたいと考えています。

小さな行動の積み重ね

練馬区立石神井台小学校主任教諭　二川　佳祐

「何を言うかよりも、誰が言うか」。

この言葉はよく言われることですが、教職の経験を積み重ねれば積み重ねるほど、その言葉の意味を実感します。同じことを言っていても職員会議などで提案が通る人もいれば通らない人もいる、これは若い先生方が職員室でこれから何度も目にすることだと思います。結局は人は言葉の奥にあるその人の「人間性」やそれまで積んできた「徳」を見ているんだと僕は考えています。

日頃の行動がいい加減な人がいきなりちゃんとしたこと言ったって「何を言ってるんだ」となります。机の整理整頓ができてない人が新しいことを始めようとすると「自分のこともできないくせに」と言われます。つまり、その人のそれまでの行動が見られています。

だからこそ大切にしたいのが、日頃の小さな行動の積み重ねです。職員室内の自分の立ち居振る舞いです。

ドアはちゃんと閉めているか、ご指導いただいた先生に「ありがとうございます」と言っているか、仕事の締め切りは守っているか、そういったことがとても大事になってきます。

「こんなことくらい」と思うような小さなことが大きな差になっています。「神様は細部に宿る」とはよくいったもので、そういった小さなことを大事にできる人が、少し大きなことを成し遂げる人になります。

僕がこれまで「ああこの人仕事できる人だなあ」と思う人は、決まって小さな仕事を大事にしてこられる方でした。それがすべてを物語っていると思います。こんなことが何に繋がるのか、それは今は見えにくいと思いますが、数年後に効いてきます。小さく淡々と信用を積み重ねていってください。それが同僚の先生との関係をよくしていく唯一の方法だと思います。

自分から
コミュニケーションをとろう

江戸川区立平井小学校教諭　本多　泰夫

仕事は自分で覚えたと勘違いしている人はいないでしょうか。初任者のころ、きっと、コピー機の使い方など、右も左も分からない自分を見て、優しく手を差し伸べてくれた先輩方がたくさんいたのではないでしょうか。でも、それは初任、二年目、三年目くらいまでのことです。いつまでも当たり前の環境ではありません。それ以降は、自分で考え、学校全体を動かすような分掌を任されることになってきます。また、当たり前のことは教えてもらえなくなってきます。そのときになってから「もっとコミュニケーションをとっておけばよかった」と後悔しても遅いのです。

先輩方の動きを見ていると、さまざまな場面を想定し、それに対応できるようにしっかりと根回しを行い、さまざまな先生方や保護者の方々と連絡を取り合い、調整しながら仕事に取り組んでいることが分かります。また、分からないことは自ら担当者に問い合わせたりしながら教えを請う姿勢が見られます。つまり、自分からコミュニケーションを取ろうとしているのです。

それは、職員室という狭い空間のなかだけでなく、職場の外でも培われます。狭い職員室のなかでは考えが煮詰まってしまいます。そんなときは、環境を変え、喫茶店や居酒屋での、仕事のことだけではなく、自分の趣味や休日の過ごし方など他愛もない会話のなかからアイデアが湧いてくることもよくありました。そんな積み重ねがあると、いつでも気兼ねなく相談ができる関係ができあがってきます。それが後に、その人の得意・不得意を見抜き、どんな仕事をお願いできるのかを判断する力に繋がってくるのです。

大人になるまで、一人で成長してきているのではないのと同じように、教師という仕事もさまざまな先輩方との関係、同期の仲間との関係のなかで成長していくものです。積極的にコミュニケーションをとり、さまざまなことを取り入れながら仕事に取り組んでみてほしいと思います。

それぞれの得意分野を知り、毎日一人以上、他学年と話す！

ＨＩＬＬＯＣＫ初等部スクールディレクター　蓑手　章吾

小学校で教師として仕事をしていると、どうしても同学年の先生とばかり接するようになりがちです。中高だと、教科の先生も加わるでしょうか。立場によっても多少の違いはありそうですが、どうしても偏りが生まれてしまうものです。

一方で、多くの同僚と良好な関係を築いておくことは、自身の教師力向上には不可欠な要素です。多様な教育観や指導法に触れることで、教師としての幅が広がります。まずは他学年の先生に話しかけてみましょう。

内容はどんなことでも構いません。同じ通勤経路を使っている、年齢が近い、服の趣味が似ている、共通のものを持っている……そんなことでよいのです。大半の教師は、初任者や若手の成長に期待しつつも、学年が違うと気を使ってなかなか話しかけられないものです。そんなときに話しかけてきてもらえると、きっと嬉しく好意的に耳を傾けてくれることでしょう。教師は人が好きで、成長したいと思っている人好きが多いものです。

四月中に、すべての先生に自ら話しかけられるといいですね。名簿などで、話したことのない先生がいないか確認するといいかもしれません。そのなかで、相手の得意分野を知ることが持続的な関係性を築くコツです。

体育が得意とか、特別支援が専門という同僚もいるでしょう。その場合は、自分のクラスや教科で困っていることを、相手の得意分野に即して質問してみることです。自分には思いもよらないアイデアが返ってくるかもしれません。

相手によっては、好きなアニメの話やペットのことなどでも問題ありません。定期的に話しかけるきっかけができるし、そのなかでなかなか他の人にはできないような質問や悩みを打ち明けられる存在に発展するかもしれません。

廊下や通勤時など、ばったり会ったタイミングでも話せるネタを確保しておきましょう。ちょっと勇気がいるかもしれませんが、職員室に仲間がいるということはとても頼もしいものですよ。

職員室のつくり手になる

軽井沢風越学園教諭　村上　聡恵

私が教員になった頃は、放課後みんなでお菓子とお茶を囲み、おしゃべりをするちょっとした余裕がありました。そこで先輩の先生たちは、さまざまなことを話されていたのです。私はいつもその話を聞きながら、「あぁ、私もそういう授業がしたい！」「子どものことそんなふうにとらえているんだ……」と自然と学ばせていただいていました。この経験は、教師の学びを考える原点となっています。

　さて、私がある学校に異動したときのことです。放課後、教室から職員室に戻ると、若手教員を中心に何人もの人がイヤホンをしながら仕事をしていました。パソコンに向かい、黙々と仕事をしている先生方の姿を見て、違和感をもったとともに、大切にしなければならない教員文化が衰退してきているように思え、とても寂しく感じました。職員室とは私たち教師にとってどんな場所なのでしょう？　もちろん仕事をする場ではありますが、それ以上に私は、お互いに支え合い学び合う大切な場所だと考えています。温かい職員室、みんなが生き生きと自分らしく働ける職員室をつくりたいものです。四月からは皆さんもそんな職員室のつくり手の一員です。そこには若手もベテランもありません。ぜひ、こんなことに取り組んでみませんか。

(1)　ちょっとした雑談の時間を

雑談は偉大です！　前の日に見たドラマ、ニュース、おいしかったお菓子のこと……。そんなたわいもない話をして笑い合える時間があることで、私はどんなに忙しいときでもフッと力が抜け、元気になれました。そして、次に向かうエネルギーをもらっています。雑談、いいですよ。

(2)　一緒に手を動かす

プリントの数を数える、印刷物を綴じる、そんな人を見かけたら「一緒にやりましょうか？」と一声かけるようにしています。自分にやれることを同僚と一緒に取り組むことで自分も相手も、そして周りの人も温かい気持ちになれます。周りを見渡し、ちょっとした気遣いを。

同僚からは謙虚に学ぶ

神奈川県公立小学校教諭　室田　萌香

一年目のとき、学年主任兼指導担当の先生から「謙虚になりなさい」と口を酸っぱくして言われていました。とにかく毎日、目の前のことで精一杯で、自分から尋ねるよう心がけていましたが、事務的なことや授業のこと、問題対応についての質問が中心でした。担任した子どもたちについて、「あれができない、これができない」というようなこともよく言っていました。

私のなかで転機だったと感じているのは、三年目の中学年担任を経て、四年目、再び六年生をもったときです。中学年担任では、初めて次の担任へと引き継ぎました。「次の学年」を強く意識して指導し、送り出したのです。そのうえで引き継がれた六年生だったので、これまでの担任の先生方の思いが痛いほど伝わってくるようで、まさに最後のバトンを受け取ったような気持ちでした。一年目のうまくいかなさは、子どもたちのなかにある積み重ねと、託してくださった先生方の思いを知ろうとせず、自分の指導ばかり考えていたからかもしれません。質問して、言われたとおりにやっていても、けっして「謙虚」ではありませんでした。前年度の担任には、どんな子かだけでなく、どんな集団の子どもたちで、何を大切にして指導してきたのかを尋ねれば、彼らのよさを引き継げたはずです。

学校内にはさまざまなプロフェッショナルがおり、「共に子どもたちを育てていく」という視点で繋がれる高い同僚性こそ、学校という職場の強みだと思います。学年主任や研究主任、養護教諭、栄養教諭、事務職員など、それぞれから学ぶことがたくさんあります。加えて、相手が少しでも働きやすくなるように、返せるものは少なくても、人としてできることをしていくという姿勢を忘れないようにしたいものです。たとえばごみ袋の口はしっかり縛るとか、牛乳のバケツはきれいに洗ってから返すとか、そういったプラスワンを意識することを心掛けています。「ご相談したいことがあるのですが、少しお時間をいただけませんか」と、「ありがとうございます」を武器に、互いが快く働ける関係性づくりをがんばってください。

得意を活かしてひろがる関係へ

狛江市立狛江第三小学校指導教諭　森村　美和子

職場での同僚の関係性や雰囲気は、働くうえで重要な要素だと言えるでしょう。日々忙しく、余裕がなくなって来るとギスギス、イライラ、責め合うような雰囲気になった経験もあります。そうなると職員室にいること自体がしんどくて、辛い時間を過ごしたことも若いときにはありました。なんでこうなるんだろう?嫌だなって思っていましたが、よく考えたら、私自身もこの雰囲気をつくり出している一人なのかもしれないなと考えるようになりました。そんななか、いつもうまくいくことばかりではないですが、同僚との関係がひろがる方法のアイデアをお伝えします。

(1)　お互いの得意を活かす

やらなければならないことが盛りだくさんの学校現場。仕事を続けるうちに、得意不得意があるのは当然だと感じるようになりました。それぞれの得意を活かして役割分担したほうがうまくいくことが多く、何より気持ちよく仕事が進みます。日頃からコミュニケーションを図り各自の強みを把握して、助け合えるといいですよね。

(2)　いいところ、感謝を伝える

多忙で、日常の何気ない会話もできていないなと反省することが多いです。すてきな実践をしている方、日常の感謝など口にできないまま過ぎていることが多くあります。ちょこっとだけでも同僚に感謝を伝える習慣をつけたいなと思っています。

(3)　夢を語る

時には、それぞれの夢を語ったり、やりたいことを伝え合っておく時間も大切です。それが次の仕事に繋がる気がしています。若い人の夢や希望を叶えられる職場にしたいですね。思いきって同僚に話してみる時間がつくれるといいですね。

(4)　適度な距離感・プライベートも尊重

それぞれのプライベートや働き方の尊重は大切です。ご家庭の事情だけでなく、ご自身のサードプレイスや学びの時間、趣味を持つこともすてきなことです。プライベートを尊重し、業務と切り分けて過ごせる関係性を大切にしたいです。

なおとくんとなっちゃんの三つの「くれる」

福井県教育庁義務教育課主任　吉川　あき子

うちの課には、約二〇名の四〇～五〇歳代の職員のなかに二〇歳代の若手事務職員が二人だけ混ざっています。休日はゲームにいそしむ、なおとくん。いつもステキなファッションに身を包む、なっちゃん。「いまどき」な若者である二人の「たくさんあるすごいところ」のなかから、三つだけ紹介します。

(1)「助けてくれる、頼ってくれる」

事務手続きで分からないことがあると、いつもさわやかでていねいに教えてくれるし、自分のことのように一緒に悩んでもくれる。逆に彼らも、遠慮せず「先生、時間ありますか？　助けてほしい。教えてほしいです」とちゃんと頼ってくれる。「互いの苦労を共有」することで、立場や年齢を超えて職員と絆を深めています。

(2)「聞いてくれる」

物事を決める際、事務職員の彼らのほうが詳しいことでも、自分の思いばかりを押し付けることは絶対にしない。まず「先生はどうしたいですか？」とこちらの思いをふんふんとうなずいて聞いてくれる。対話しながら互いが納得する答えを見つける作業を一緒にしてくれる。だからどんな答えになっても納得できるんです。

(3)「関心を持ってくれる」

「先生、その髪留め、今日初めてですよね」と真っ先に言ってくれたなっちゃん。人は関心を持ってくれる相手に関心を持ち、話も関係も深まっていくものです。

「長期多角決済」…これは、福井県知事が研修で教えてくれた言葉です。誰かへの「くれる」は、思いもかけないタイミングと思いがけない形で、しかも巡り巡って思いがけない人が返して「くれる」という意味です。私も、この二〇年、「長期多角決済」を、身をもって実感しています。なおとくんとなっちゃんの「くれる」も、彼らの未来にすてきなものをもたらして「くれる」はずです。今、先生が立場や年齢を超えて同僚と築いている信頼関係や「つながり」は、先生の教員人生のかけがえない「財産」です。先生にはどんな「くれる」がありますか？

4章

子どもとの関係がしっかりできる21の方法

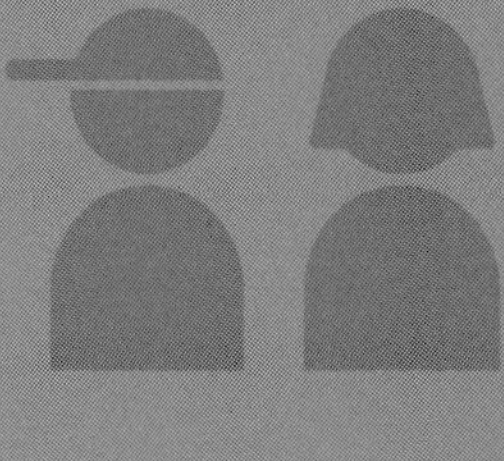

子どもは何が楽しくて遊んでいるのでしょうか

横浜市立みなとみらい本町小学校教諭　赤岡　鉄矢

私には子どもとよい関係を築くために、初任の頃から意識していることがあります。それは、一緒になってたくさん遊ぶことです。先輩たちからは「若い頃は子どもとたくさん遊ばないと」と言われていました。ポイントは外で遊ぶということです。子どもによっては外で遊ぶことが苦手だという子もいます。けれど、友だちが楽しそうに先生と一緒に遊んでいると分かると、次第に、自分も一緒に遊びたいと思うものです。子どもたちと一緒になって遊んでいると、一人ひとりの性格も分かるようになります。同様に、子どもたちも先生のことをよく分かってくれます。四月に学級開きをしたときは、先生も子どもも相手のことを何も知らない同士です。お互いの距離を縮める最短の方法は一緒に遊ぶことだと思います。それに加えて、体を動かせば自分の頭も心もすっきりします。

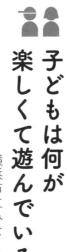

遊んでいるときに起こることは、楽しいものばかりではありません。追いかけっこをしていれば、「タッチしたのに、されてないって言う！」とか「逃げるときにからかわれた」など、たくさんの問題が出てきます。その場に先生がいたらお互いの認識のずれを理解して整理してあげられますし、時には重くとらえないように流すこともできます。子ども同士がよい関係になれば、よい学級づくりに繋がります。そういった出来事の積み重ねが子どもと先生のよい関係にも繋がってくると思います。遊びのなかには、人とかかわるうえで大切なことや集団生活で必要なことがたくさん入っていると思います。最近は、そういった人とのかかわりで起きる問題を解決することが苦手な子が多くなっていると言われています。休み時間には採点や評価などやりたいことがたくさんあります。ベテランの先生たちはその時間を上手に使うのでしょう。しかし、ベテランの先生と同じことをしようとするよりも、今の自分ができる子どものかかわり方にこだわったほうがいいと思います。子どもたちと思いきり走り回ることは、若いうちにしかできないかかわり方です。そうして、自分に合った子どもとの距離感やかかわり方を見つけていってください。

とにかく子どもに対して誠実な教員でいよう

新宿区立富久小学校主任教諭　岩本　紅葉

専科教員は多くの子どもとかかわります。小規模校なら全校児童、大規模校であれば一二学級以上の子どもに授業を行います。私は図工専科なので、週に二時間ずつそれぞれの学級で授業を行います。大規模校になると一学年一二〇名以上、それを三〜四学年分の授業を行うため、一年間で五〇〇名近い子どもたちとかかわることになります。多くの子どもたちと週に二時間のみのかかわりとなると努力をしなければ希薄な関係になってしまいます。私が限られた時間のなかで子どもたちとよりよい人間関係を構築するために意識していることは三点あります。

まずは、初対面でいいインパクトを与えることです。子どもたちは初めて出会う教員がどのような人間なのか、期待と不安な気持ちでいっぱいです。教員が着任した際にどのような挨拶をするのか、初回の授業で何を話すのか。それらが、その後の人間関係の構築の速さを大きく左右します。

私は、初回の授業で手づくりの飛び出す絵本を使って自己紹介をしています。最初のページでは大きな紅葉の木が飛び出し、次のページでは出身地の静岡県のシンボルである富士山が飛び出す、といった仕組みの本です。飛び出す絵本を見てくれた子どもたちは、「本当に全部手づくりですか」「さすが、図工の先生!」「図工をがんばれば、私も飛び出す絵本をつくれるようになりますか」と、肯定的な感想を述べてくれます。そして、そのことを家庭でも話してくれるのです。これが、保護者との信頼関係構築にも繋がります。私の場合は飛び出す絵本を使って自己紹介をしていますが、自分の得意分野を生かせる自己紹介であれば何でもいいと思います。サッカーのリフティングを一〇〇回やる、けん玉の大技を決める、楽器を演奏するなど、インパクトのあるパフォーマンスを自己紹介に取り入れることで、第一印象でいいイメージを抱いてもらえることでしょう。そして、そんな教員の姿を見て尊敬してくれる子どもも多いと思います。子どもたちが教員を一度尊敬するとその気持ちは長く継続し、教員はその後の授業や学級経営も円滑に行えます。まずは、自分の強みを披露し、初対面でどのような印象を与えるかが重要です。

二点目は、子どものいいところをたくさん見つけ、それを伝えることです。私は子どもたちをとにかく褒めます。授業では、「こんなこと、よく思い付いたね！あなたにしかできない表現だよ」「すばらしいアイデアだから、他のクラスの人にも見せていいかな」と、子どもたちの活動のプロセスや作品をとにかく褒めます。委員会やクラブ活動では「あなたの行動はいつも他の学年の手本になっているよ」と、コツコツと努力している子どもを褒めるようにしています。褒める方法としてもさまざまな褒め方があります。直接本人にこっそり伝えたり、声を大にして他の子どもたちに聞こえるようにしたり、職員室に戻ってから担任に伝えて担任からもその子どもを褒めてもらったりしています。とくにこの三つめが効果的です。心理学では「ウインザー効果」と言われています。直接言われるよりも第三者から間接的に言われたほうが信ぴょう性や信頼性が増す効果です。私は専科という立場なので、「ウインザー効果」で多くの子どもたちを間接的に褒めるように意識しています。

最後に三点目は、誠実であることです。子どもとの約束は必ず守り、できない約束はしないこと。どの子どもに対しても平等に接すること。子どもの話を真剣に聞くこと。子どもたちは教員の人間性をしっかりと見ています。

私は子どもから担任の教員との関係で相談を受けることがあります。「この間、お楽しみ会をすると約束してくれていたのにしてくれなかった」「他の人も同じことをしていたのに、自分だけ叱られた」「喧嘩した理由があるのに、聞かずに両成敗された」といったように、教員が誠実ではない対応をした際に子どもたちから不満の声が漏れます。そして、そこから徐々に信頼関係が破綻していくのです。逆に、誠実であれば子どもたちと信頼関係を構築できるでしょう。

教員としての経験年数が浅ければ、授業力も学級経営力もベテランの教員には劣るかもしれません。しかし、若手のあなたががむしゃらに、誠実に、子どもたちと接することができていれば、自然と子どもたちはあなたについていきます。授業力も学級経営力も努力すれば徐々に向上します。失敗や間違いもあるでしょう。しかし、そんなときこそ誠実であることができるかどうか。それによって子どもたちがついてくるか否かが決まるのではないでしょうか。

生徒の成長に寄り添えるって すばらしい職業じゃないですか？

小樽市立朝里中学校主幹教諭　金田　唯史

「教員」という仕事は、子どもたちの成長の過程を一緒に歩みながら、それを身近で見ることのできるすばらしい職業だと思います。子どもたちの近くで寄り添い、時には一緒に感動を分かち合うことなどはなかなか他の職種では経験できないものです。そして、一日の約三分の一を学校で過ごす子どもたちの身近な大人が「教員」であり、学び続ける教員の姿はロールモデルとして子どもたちの成長に大きな影響を与えることから、とても責任感のあるやりがいのある仕事でもあります。

昨年、生徒指導提要が大きく改訂されました。そのなかで、生徒指導の目的を達成するためには、児童・生徒一人ひとりの「自己指導能力」を身に付けることが重要とされました。それとともに、生徒指導の実践上の視点として、「自己存在感の感受」「共感的な人間関係の育成」「自己決定の場の提供」「安全・安心な風土の醸成」が示されました。

私は、学級指導や教科指導等の場面で、お互いの個性や違いを認め合い、心理的安全性が保障された居場所づくりがとても重要であると考え、その環境づくりに努めてきました。

このような居場所づくりは、一日ではけっしてできるものではありません。四月の学級開き等で生徒に「誰もが安心して過ごせる場所をつくりたい」と宣言した後、それに反する問題が起きたときにはその都度、該当生徒に問題意識をもたせるため繰り返し粘り強く思いを伝える必要がありました。そのような取り組みを積み重ねると、次第に学級の生徒の自己肯定感や自己有用感が高まり、学級活動や授業では、臆することなく自分の考えを表現できる生徒が増えてきたことを覚えています。

ただ、私自身、反省しなければならないことがあります。それは生徒に「自己決定の場」をあまり与えていなかったということです。今になって振り返ると、この取り組みをしなかったことを非常に後悔しています。「転ばぬ先の杖」と思い、ついつい先を見越してつゆはらいをしてしまったことが多くありました。よく学校は

「間違いや失敗という経験を学ぶ場所」と先輩の教員からも言われていましたが、頭のなかでは分かっていても、後々のリカバリーする指導のことを考えると、生徒に本来主体性をもたせる場面でも自分が主導して進めていました。それは、私自身の指導に自信がなかったことや、生徒を信じきれてなかったことに起因したということに後になってからようやく気付くことができました。とても反省しています。

もちろん、今でも生徒の取り組みの様子を見て、もどかしさを感じることがあります。しかし、今はそれも「生徒にとっての成長なんだ、もう少し見守ってみよう」と生徒に寄り添えるようになりました。生徒が何かを掴んだときの嬉しい表情やつぶやきをした際、私は微笑みながら多少大げさに価値付けを行うこともするようにしました。そのときの生徒の笑顔が私は大好きです。

生徒は、活動のゴールを示し、自分で明確な見通しをもつことで、過去の経験等を生かし、自ら考え、選択をしながら自己決定し、自走することができます。学びの土台となる知識・技能を学べば、その後は各教科の特性を踏まえた見方・考え方を意識させ生徒の主体的な取り組みとして委ねていくようにしています。これは学習指導要領にある「主体的・対話的で深い学び」の実現に向けた授業改善にもつながるのではないでしょうか。

私の好きな言葉に「やって得をするのも自分。やらないで損をするのも自分」「人生苦しいときが上り坂」という二つの言葉があります。この二つの言葉は、先輩の教員に教えていただいた、いつも私の背中を押してくれる魔法の言葉です。迷ったら、挑戦する道を選択する（「やって得をするのも自分。……」）。現状に満足することなく、高みをめざす選択をする（「人生苦しいときが上り坂」）。この言葉にある「苦しいとき」を「自分が高みをめざして努力しているとき」、「上り坂」を「成長しているとき」と考えると、今自分が取り組んでいることが価値付けされ、とても励まされます。

私は、この二つの言葉を節目節目で生徒に伝え続けました。生徒が行動変容を起こすまでに時間がかかりましたが、先生によって価値付けられたり、友だちに認められたりすることで、生徒の成長が促されることを実感しました。ぜひ、あなたもこの「魔法の言葉」を使ってみてはどうでしょうか。

子どもの話を聴く人に

豊川市立小坂井中学校教諭　熊谷　雅之

教員がメンタルを崩す主な原因は「対処困難な児童・生徒への対応」です。この仕事の楽しさは、子どもとの関係に大きく左右されます。教室に入るたびに「キモイ」「ウザい」などと言われれば、心が傷つくのは当然です。教員だって人間です。では、どうすればよいのでしょうか。

僕は毎年生徒に「信頼できる教師とは？」と質問しています。第一位はなんだと思いますか？　それは「話を聴いてくれる先生」です。時代が変わり、担当学年が変わっても、毎年圧倒的に一位なのです。若い先生の特権は「生徒との距離感が近い」ということです。生徒が圧倒的に話しやすいと思っています。話を聴く秘訣はいくつもあるのですが、今回はひとつだけ紹介させてください。

休み時間を生徒の近くで過ごしましょう。そのときに「自分から話しかけに行くモード」か「話しかけられるのを待つモード」かを選択しましょう。どちらにもメリットがあります。話しかけに行くなら、普段会話の少ない子とか、最近気になる子など、狙い打ち。待つなら、話しかけやすいように隙をつくっておきましょう。あえてぼーっとしてみるとか、わざとだらけるとか、寝たふりするとか（笑）。

会話に持ち込むことに成功したら、子どもから投げられたトークのボールは、とにかく全部笑顔で受け止めましょう。愛想笑い、嘘笑いではなく、心からの笑いです。僕の場合は自分の話をしません。子どもの言ったことを膨らませるか、おもしろい発言につっこみを入れるかです。流行っているアニメや音楽について教えてもらうこともします。とにかくどんな話題でも必ず笑顔で終わらせます。「先生が話を聴いてくれた！　自分の言ったことで笑ってくれた！」これは本当に嬉しいことです。子どもも結果笑ってくれると思うから安心して話せるのです。お笑い番組でも、真顔の司会者はいません。名司会者ほどよく笑います。

あなたが子どもと一緒に笑い合っていることを心から願っています。

理想ではなく目の前の子と向き合うべし

東久留米市立南町小学校教諭　小泉　志信

僕は、蓑手章吾さんなど多くの実践家によくも悪くも学生時代に出会いました。その結果、多くの学校現場を見て、理想ばかり大きくなって僕は教壇に立ちました。大きなギャップにぶつかりました。それは理想とする実践と自分の実力とのギャップです。実力に見合わない実践に挑み、子どもの実態にそぐわない実践をし、自分の理想で子どもを振り回しました。教育とは子どもがいて初めて成り立つにもかかわらず、あのときの僕はどこまでも教師視点で授業を行っていたのです。

そんな僕が立ち返ったのは、学習者視点に立つことです。学習者視点とは、学び手である子どもが何を感じ、何を想い、何を願うのか、学び手の視点から捉えたものです。教員の願いと子どもの願いの間にズレは生じます。だからこそ、僕は学習者視点に立ち返りました。「君からはどう見えているの？」「君はどうしてほしいの?」と子どもが何を考えているのか、子どもに何度も聞きました。

そのうえで僕自身も一人の人として子どもの前に立つようにしました。失敗したときは失敗したことを認め、やり直しを子どもと何度もしました。その過程を通して、やっと子どもの姿が少しずつ見えるようになりました。子どもは子どもである前に人です。子どもを子どもにするのは大人であり、環境です。だからこそ、教員である僕は一人の人として子どもと接していくことにしました。そうすると授業も変わってきました。それまでは教師からの理想からスタートしていた実践が、子どもの願いからスタートし、子どもの実態を踏まえたうえで多くの先人が積み重ねてきた実践から子どもの実態に合うものを選び、そのうえで自分なり工夫して授業をするようになりました。先人たちの実践に触れやすい今だからこそ理想に振り回され過ぎず、目の前の子どもと対話し、そのうえでできることを精一杯やっていくことが大切です。未熟な自分も子どもも一人の人として受け入れ、許し、失敗し、そのうえで子どものためにもがいていくことが子どもに対しての誠意であり、その姿は子どもに伝わると私は感じています。

よりよい集団を育てるべし

国立市立国立第七小学校教諭　櫻木　崇史

皆さんは子どもとのかかわりのなかで何を大切にしていますか。先生と上手に関係を築くことができる子もいれば、なかなか指導がうまくいかないむずかしいお子さんもいるかもしれません。とくに気になる子は先生の繰り返しの指導で、いつしかそっぽを向かれるなんてことも…。

「学級崩壊」「小一プロブレム」「不登校」「いじめ」など学級経営で悩まれる先生が多くいると耳にします。私も教師になりたての頃、気になるお子さんにばかり目を向けてしまい、結果学級経営がうまくいかないことがありました。

日本は集団での指導を大切にしています。この「集団」を育てていくことがよりよい学級経営となり、子どもとの関係もよくなると信じています。教員三年目のときに「特別活動」の大切さを知りました。特別活動の目標に「望ましい人間関係の形成」とあります。個ばかりに目を向けるのではなく、子ども同士の人間関係をよりよいもの育てていくことで、学級は安定します。安定した環境に身を置く子どもは自然と意欲的になり、行事でも学習でも楽しく活動できるようになります。先生の多少の失敗も子どもたちが助けてくれます。

むずかしい学級を担任していた際、やはり特別活動を中心とした学級経営を行いました。不登校のお子さんもいましたが、登校時、毎朝その子の家に寄ってくれては一緒に学校に来てくれる子が出てくるようになり、いつしか当たり前のように登校できるようになっていきました。少々はみ出してしまう子に対しても、無視をするのではなく、学級に受け入れる土壌があれば、いつしか仲間になっていきます。

学級がうまくいかない状態は、先生も子どももけっして幸せにはなりません。「個」以上に「集団」に目を向け、温かな人間関係を育むことにシフトチェンジしてみてください。ご自身の専門にしなくとも特別活動の視点を大切にするとみるみる学級は変わっていきますよ。さまざまな資料がありますのでぜひチャレンジしてみてください。

教師の問いを磨く

調布市立多摩川小学校指導教諭　庄子　寛之

学校現場で最もと言っていいほど大切なことは、学級経営です。だからこそ、授業準備や教材研究はしっかり行いたいものです。

しかし、教師はとにかく多忙。さまざまな対応に追われて、準備をする時間はないですよね。私もそうです。だからこそ、子どもたちが自走できる授業を意識しています。大事にしていることは、「問いを磨くこと」です。

分かりやすいように、例を出して話していきます。どの教科でも同じですが、私の専門は道徳なので、道徳で考えていきますね。

授業前に、今日やる道徳の教材を読みます。さっとです。

読み終えたら、そのなかで子どもたちと話したいことを一つだけ決めます。

たとえば、「今日は『そもそも命ってなぜ大切なのか？』ということを話したい」とだけ決めます。この問いは、教師であるあなた自身も考えたいテーマがよいです。授業をしていて、教師である自分自身が楽しくなってくるからです。

実際の授業では、教材を読んで、その後、気になったことや感想を聞き、その後に一番聞きたい問い「そもそも命はなぜ大切なのか?」を問います。その後は、一人で調べたり考えたりし、ペアやグループで話し合い、全体で共有するだけ。

そのなかで、教師が敢えて逆の意見を言いながら深めていく。これだけです。授業準備がなくても、児童・生徒に任せればよい学びが生まれます。なんでもかんでも教師が教えなければと考える必要はないのです。

今まで教師がやるべきだと思われたことを手放すこと。学校という環境は、集中しやすいようにできています。強引にやらせる必要はありません。やっている児童の周りをうろうろして、やっていることを認めること。全体によいところを伝えること。教師のすべきことはこれだけです。これだけで、教師と子どもの関係ができ、どちらもが楽しい学校生活を送ることができるようになるのです。ぜひ取り組んでみてくださいね。

何より授業が一番大事

板橋区立中台中学校教諭　鈴木　亮

子どもとの関係をつくるうえで必ず大事なのはかかわる時間です。実際にはむずかしいですが、私は毎日一言でもクラスの全員に声をかけるように意識しています。日常の会話を通して子どもが先生について理解してくると、どのようなことで話しかければよいのか分かり、相互的なコミュニケーションが取れるようになっていきます。些細なことでも真剣に生徒の話を聞いてあげることで何気ない悩み事を聞いたり、大事な進路相談を円滑に進めたり、良好な関係ができていきます。

ここで考えていただきたいのが学校生活を送るうえで教員と生徒が最も長い時間過ごしているのが「授業」だということです。教員がただ教科書の内容を子どもに伝える一方通行な授業になってしまうとコミュニケーションがなくなってしまいます。休み時間すら忙しい教員にとってこれはもったいないことです。授業のなかでも互いを理解しあえる環境をつくり、コミュニケーションのきっかけをつくることが大切です。具体的な例として私は授業の導入に最も力を入れています。生徒から聞いている流行をふまえて授業の内容とかかわりがあるものを授業で扱います。たとえば植物について授業するときは流行のアニメから「このキャラクターは植物と言えるのかどうか考えよう」のように導入を行います。すると授業内や授業後に生徒が話すことも増え、かかわり合いができます。いかに生徒のことを理解し、そこで心をつかめるのかが大事です。そして何より生徒は授業が分かりやすくおもしろい先生に対してよい印象をもつものです。ですから生徒との関係に悩むのであれば、まずは生徒の気持ちを惹きつける授業づくりをしてみてください。

最後に教員は生徒と友だちのような仲良しになる必要はありません。嫌われることが怖くて叱れない先生も多くいますが、それで生徒と仲良くなれたとしても生徒のことを育てることはできません。生徒のことを考えていれば、強く叱っても後で必ず分かってくれます。そこは疑問をもたずにがんばってください。

全員が同じ方向を向く船に乗る

練馬区立北町西小学校教諭　関根　章浩

子どもとの関係を築いていくために「目標を共有すること」を意識しています。

私は、年度の初め、学級の目標をつくるとき、いつも教室を船に例えて子どもたちに話をします。テーマパークにあるような、大人数で漕ぐ長いカヌーのような船です。そして、全員が同じ方向を向いて、同じ力で船を漕ぐイメージを子どもたちにさせます。一人ひとりが力一杯漕いでいたとしても、それぞれが違う方向を向いて漕いでいたら船はどうなるでしょう。グルグル回って進みません。また、誰かが漕いだふりをして楽をしていたら、別の誰かの負担が増えるだけで、後半きっとバテてしまいます。全員がめざすべき目的地を理解し、そこに向かって力を出して進むことが大切です。教室も同じ。そして、そのめざす方向こそが学級の目標なのです。

学級の目標づくりには、じっくりと時間をかけます。四月。しっかりと子どもたちの様子を観察して「学級のよさ」や「一人ひとりの特徴」「人間関係」「課題点」などを見取ります。当番などのルールはここで明確に伝えます。子どもたちもはじめは緊張していますが、一ヵ月も経つと少しずつ素が出てきます。ゴールデンウィークが明けたら、さりげなく撮り溜めておいた、日常の写真とともにこの一ヵ月を振り返ります。「友だちとのかかわり方」「チャイム着席」「授業中の姿勢」「掃除のやり方」「給食の配膳の様子」「放課後の下駄箱」など。そして、一年後に「どんな自分」に、また「どんな自分たち」になっていたいか、イメージをさせます。それぞれの考えをしっかりと吟味しながら話し合って学級の目標を話し合わせます。

時間はかかりますが、みんなで納得しながらつくった目標は簡単には揺らぎません。また、子どもたちを一方的に押さえつけるのではなく、「先生も子どもたちと横に並んで同じ方向を向いている」という意識は、子どもとの信頼関係を結ぶ第一歩となります。こまめに目標を振り返り、「また一歩目的地に近づいたね」と価値づけを繰り返していけば、子どもたちも意識していきます。

誠実に本気で向き合う！ただし底は見せない

東京都公立小学校教諭　田渕　翠

私が心がけていることは、とにかく「本音で、本気で向き合う」ことです。たとえば休み時間に鬼ごっこやバレーボールをするときには本気でやります。「大人げない？」いいえ、そんなことはありません。子ども相手だと思って手を抜いていると子どもたちはすぐに見抜きます。子どもたちは本音で、心の底からおもしろがっている先生が好きです。注意したいのが「叱るとき」。「本気で叱る」というと威圧的な態度を想像されるかもしれませんが、本心から出たものでなければ怒鳴ったとしてもその場しのぎの指導になり、だんだんと効果がなくなります。子どもたちに、「先生の人間性の底」が見えてしまっている状態です。私に向いている「叱り方」は激情型のものではありませんでした。諭すように語ったほうが、指導がしやすかったのです。もちろん安全にかかわる場合など、怒鳴ることもあります。でもそんなときに「先生の底が見えている」状態だったらどうでしょうか。きっと子どもたちは「また怒鳴ってるよ」と、聞き流していくでしょう。先生によって指導のスタイルはありますが、とくに「私には威厳がないんじゃないか」と思っている先生方におすすめなのは「諭して叱る」ことではないかと思います。

子どもと信頼関係を築くためには、約束を守っていくことも大切です。小さなことですが、「次の休み時間は遊んでね」「昼休みにお休みした日の分の勉強をしようね」「次の学活でお楽しみ会をやろうね」などなど。日常の対人関係でも、すぐに約束を破る人は信用されませんよね。私は忘れっぽく度々子どもとの約束をすっぽかしてきました。しかも約束をする子たちって、いつもよくやってくれている子たち、がんばってる子たちが多いのです。大きな声で文句を言ったりはしないけれど、確実に子どもの心は離れていきます。そこで常に付箋を持ち歩いて、何か小さなことでも子どもと約束したら書いてバインダーに貼るようにしています。

ハウツーだけでは信頼関係は築けませんが、初任者の先生方の助けになれば幸いです。

信頼をすべての土台に

横浜市立旭小学校教諭　玉置　哲也

初任の頃は、「けじめのあるクラスにしなくては」という思いが強く、子どもたちにも「○○しなさい」と強く伝えてしまうことがありました。私は男性で声が低いということもあり、何も反論できないような雰囲気を出していました。それでも、クラスでトラブルがなく、落ち着いて学習に取り組めるようにするためには必要なことと思っていました。

一〇年目を迎えようとしている頃、六年生を担任していました。ある日、「なんか子どもたちの表情が暗いな」と感じることがありました。夏休み前までは、子どもたちから「～したい」というような声も多く聞かれたのですが、秋頃にはそんな声もほとんど聞かれなくなっていました。そう感じたときに、クラスのなかで活発に意見を出していた子どもに聞いてみました。そうすると、気まずそうに「うーん、なんか言ってもできないこと多いし…」と教えてくれました。私は子どもにとって「聞いてもらえない人」になっていました。子どもに学校生活を楽しんでほしいと思って教員になったはずが、私が、周りの大人の顔色ばかり気にして、学校がつまらないと思う原因になってしまっていたのです。

今は、新年度の初日に必ず「私はみんなのことを信じています。みんながやりたいと思うことを実現できるように一緒に考えます」ということを伝えています。そして、子どもが「えー。なんでー」という声をあげたときには、なぜそれをしなくてはならないのかということを伝えるようにしています。時には、「僕は必要ないということを職員会議で伝えたんだけど、先生みんなで話し合った結果やることになったんだ」みたいな大人の事情のようなものも隠さず伝えています。

「信じている」と言葉に出すほど嘘くさいし恥ずかしいのですが、しっかりと言葉にして伝えて、「この人は自分たちのために考えてくれる人だ」と思ってもらい、日々の生活のなかで実感してもらうことが子どもとの関係を築くために大切なことだと考えています。

自分らしさのある〝先生〟

江東区立臨海小学校教諭　長澤　秀哲

子どもとの関係性を築くために、私は、私を知ってもらうために、子どもたちに自分らしさが伝わるよう心掛けています。信頼を得るためには、お互いの理解が不可欠だからです。普段は優しさと厳格さを適切に使い分けて学級経営を行っています（うまくできているかはさておき…）。休み時間は思いっきり外で鬼ごっこをして、子どものようにはしゃぎ、喜び、口惜しがり、全力で遊ぶ姿を見せます。

でもおそらくこれらのことは、どの先生方も普段からやられていることだと思います。自分は、そこに自分らしさが出るように意識しています。教師だからこうでなければいけない、ということはありません。もちろん仕事や教育に悪影響が出ることがよくないのは言うまでもありませんが、ちょっと抜けているところがあったり、嫌いな食べ物があったり、虫が苦手だったり、字がうまく書けなかったり、ゲームが好きだったり…それらも含めて、その先生らしさなのではないでしょうか。

以前、一年生の道徳「あなたってどんな人?」(内容項目A個性の伸長)の授業がありました。人それぞれ長所と短所があり、自分のよさを知りもっと伸ばしたいという心情を養うことが指導目標でした。導入部分で、「先生って、朝起きるのが苦手だし、字を書くことが苦手だし…いいところなんて全然ないんだよねぇ」とつぶやいたところ、子どもたちは「先生は優しいよ」「ちゃんとびしっと怒ってくれるところはいいところだよ」「先生はきれい好きだよね」「足が速いよ」などと言ってくれました。「学校でいろいろなことを教えてくれる、優しさのなかに厳しさのある人」という世間一般的な先生像として捉えているだけではなく、「きれい好きで、足が速い」というその人らしさを含めたとらえ方をしていました。子どもたちは、先生のことをよぉく見ています。授業の合間や暇さえあれば整理整頓や掃除をする姿や、放送で呼ばれて廊下を猛ダッシュする姿(それを見た子どもたちによく叱られます〈笑〉)も見ています。その先生らしさが伝わっていれば、まずは信頼関係の基盤はできあがってくるのではないでしょうか。

常にアップデート!!

横浜市立鴨居中学校主幹教諭　中村　悟

教師として一番大事なことは、教科指導にあると思います。授業のなかに子どもたちを理解するさまざまなヒントがあります。

「教科担任として、プロ意識を持つ！」二〇二一年度からＧＩＧＡスクール構想が本格的に始まり、生徒一人一台端末の環境整備が整い、ＩＣＴを活用して「わかる授業」「楽しい授業」そして「深い学び」を実施していくことが大切になっています。

私の中学校では、ＩＣＴを活用した授業を積極的に取り入れ、ロイロノートやGoogle（meet・Jamboard・スライド・ドキュメントなど）やデジタル教科書、ＡＩドリルを活用することで、今まで教師が説明していた知識等の時間を短縮して、一つの課題について議論を行ったりする学習を行っています。グループで議論するとき、私は「主体的・対話的」で「協働的」な学びのために、どのようなことが行われているか、どんなことに困っているか、生徒の会話のなかに飛び込んでいきます。そうすることで、新たな発想や考え方の発見ができ、共に学び、認め合い、成長し合えるからです。今では生徒のほうがＩＣＴの使い方がうまくなり、ワクワクした気持ちで教室に向かっています。

ただ、毎日元気よく職場に行ければいいのですが、考えすぎて元気がなかったりするときもあります。そんなとき「先生、今日元気がないよ。どうしたの？」と生徒に一声かけられると「はっ」とします。「いけない！いけない！」と。

恩師からよく言われた言葉があります。「教師が明るく楽しく授業を行っていれば、クラスの子どもはいつの間にかそうなっていく。教師が変われば、子どもも変わる。教師は、自分の変容をめざしてアップデートしなければならない。教育技術もさることながら、人間全体（人間性）で影響を与えていることを忘れないように」。

最近では、自分の「考え」を新化させるために、自ら違う世界に飛び込んで多くの人と出会い、違った自分自身に出会うことを目標に取り組んでいます。もっともっと多くの人と出会い、自分自身を成長させたいです。いつでも今が始まりです。

子どもと接するときに大切にしている三つのこと

京都市立岩倉北小学校教諭　中村　瑞穂

私は、クラスの子どもたちが本当に大好きです。だからこそ、子どもたちとしっかり関係性をつくりたいと願っています。私が子どもたちとかかわるときに大事にしている三つのことを話したいと思います。

一つ目は、「子どもに対して諦めない」ということです。子どもに限らず、人というのは一回言っただけで変わりはしません。たとえば、宿題を提出しない。教室を飛び出してしまう。お友だちに対して意地悪をしてしまう。そんな、子どもたちがいたとしましょう。「何回言っても聞いてくれない」と思ったことはありませんか？私もそんな場面に毎日対面します。こういう場面では、「○○くんは、宿題しなさいと言っても聞かないから、もう言うのをやめよう」「教室から飛び出てしまうのは仕方ないから放っておこう」と諦めてしまいたくなります。諦めてしまうのはとても簡単です。ですが、諦めたらそこで子どもとの関係は終わってしまうと思います。そして、その子自身だけでなく、クラスの子との関係も悪くなると私は考えます。クラスの子は「あぁ、担任の先生は困った子がいたらもう放っとくんだなぁ」「自分も放っとかれるかもしれない」と考えるはずです。困りを抱えた子どもがいたら、その子自身がどうしてそういう行動を取っているのか、なぜ先生はこうしてほしいと伝えているのか、どうすればできるようになるのか、本人と話し、語り、できたら一緒に喜ぶ。そういうことの繰り返しで子どもとの関係も深まっていくと思います。「この子はきっとできない」ではなく、「どうやったらできるようになる？　どこまでなら一緒にできるか」を、本人と一緒に考え、諦めずに日々を送ることが大切だと思います。そういう姿勢は、その子自身だけでなく、他の子どもたちにとっても安心する姿に繋がるのではないかと思います。

二つ目は、「たくさん遊ぶ」です。休み時間や放課後などに子どもと遊ぶのも、時には大切だと考えます。遊ぶことで得ることはとても多くあります。まず一つ目に、授業中だけでは分からない子どもの様子や人間関係が見やすくなることです。

授業中はグループの人と話すことが多かったり、先生の前だからいつもよりシャキッとする子が多いです。しかし、休み時間こそ子どもたちの普段の様子がよく見えます。誰と誰が仲がよいのか、友だちへの言葉遣い、接し方、子どもたちの様子をより深く知ることができると考えます。子どもたち本来の姿と一緒に楽しいことをすることで仲も深まり、子どもたち同士のトラブルや変化にも早く気づけます。二つ目は、子どもたちにとってやはり一緒に遊んでくれる先生は、楽しい先生です。とくに低学年の子どもにとっては一緒に遊んでくれる楽しい先生は大好きです。若いうちは、授業や学級経営はまだまだ力不足なことが多く、だからこそ、若さを活用して、たくさん遊んで子どもとの関係を深めていこうと思い、大切にしています。

三つ目は、「子どもを子どもとして接しない」ことです。子どもも一人の人間で、人権があります。私は先生として、彼らを導く立場ではあると思いますが、彼らの上の立場の人間ではないと考えます。そのことを、子どもたちにも伝えることを大切にしています。具体的には、間違ったこと等をしたときにはしっかり謝る、叱るときには頭ごなしではなく想いを伝える、子どもの気持ちや考えを否定しない等です。普段から「先生が間違っていると思ったら、遠慮なく言ってね！」と伝えています。問題行動を起こしたときには、なぜそのようなことをしたのか話を聞き、彼らの思いなどを聞いたうえで、「先生はこうしてほしい」「こんな思いをしている」と気持ちを中心に話すようにしています。彼らには彼らの世界があり、考えが一人ひとりあります。それを無理矢理変える必要性はないと思います。先生としてではなく、人として、親身に向き合うことが関係性をつくるうえで大切です。「先生と子どもとの関係性をつくる」ではなく「人と人との関係性をつくる」と考えたほうがいいと考えます。ですが、このときに同じ立場に立ちすぎるとなめられてしまいます。子どもたちが自分や周りを傷つける言動をしたり、許されざる行動をしたときには、大人としてしっかり止めて、線を引くことも大事です。子ども扱いはしないけれど、子どもだと思い責任持って見守ることが大切であると、私は思います。

先生も人間なので、子どもたち全員と気が合うわけではありません。けれど、クラスの子どもたちにとって、先生という人は信用できると思ってもらえるよう、私は毎日子どもたちに向き合い続けたいと思います。

見る、伝える、時間をかける

練馬区立石神井台小学校主任教諭　二川　佳祐

【見る】これは簡単なようでむずかしいことです。ただ見るだけではなくて、「興味を向ける」ということです。その子はどんなことが好きなのか、どんな子なのか、周りの子とはどんな人間関係を持っているのか、どんな習いごとをしているのか、どんな一年を昨年の先生とは過ごしていたのか、など興味を持っているからこそ聞きたくなります。まずはその一歩目が大きく差を分けます。まずはその子に関心を向けるということを意識しましょう。関心を向けると自然と聞きたくなります。子どもたちは聞いてもらうことに喜びを感じます。興味を持てば、聞いて喜んでもらえる。いい関係を築くのに見て、関心を持って、聞くことは不可欠です。

次に【伝える】です。感謝を伝える、関心を伝える、思いを伝えるなどさまざまな伝えるがあります。しているることに興味があることを伝えていくと子どもとの関係は深くなります。一方的に聞くだけではなく、さらに「こんなところがおもしろいね」と伝えていくことで、子どもはもっと話したい！という気持ちになります。そうなったらいい循環に入っていきます。それから、子どもたちが日々してくれる掃除や給食などの、当番の活動に対して「ありがとう」と言葉にして伝えましょう。その言葉一つあるだけで「この先生は自分のしていること見てくれている、認めてくれている」と感じるものです。子どもたちは見守られている感を敏感に察知します。見ているよ、というメッセージを伝えていきましょう。

最後に【時間をかける】です。月並みですが、人間関係は一朝一夕では築かれません。時間をかけていねいにていねいに紡いでいくものです。一年という長い時間をかけて信頼関係はできていく、それを把握して接していくことで先生の余裕にも繋がっていきます。結果それがいい関係を築く下地になっていきます。

【見る】【伝える】【時間をかける】この三つを意識して子どもと接する、こういったことはもしかしたら、当たり前と言われることかもしれません。でもその当たり前のことを当たり前以上にやる、そういう姿を子どもたちは絶対に見ています。

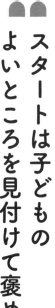

スタートは子どものよいところを見付けて褒める

江戸川区立平井小学校教諭　本多　泰夫

当たり前のことかもしれませんが、子どもは褒められることが大好きです。しかも、その日にがんばろうとしている姿を見付け、帰りの会や次の日の朝の会などで紹介してあげることは、その子にとっても、周りの子にとっても刺激になります。

私は毎日、できるだけたくさんの子どもたちのよいところを見付けようと必死でした。こんな取り組みをしたことがあります。毎日の帰りの会での「よいところ見付け」です。教師から見てがんばっていること、友だち同士でうれしかったことなどを日付とともに短冊に書き、掲示していきます。「よいところ見付け貯金」と題して、一〇個溜まったら五分間みんなで使える時間を設定し、みんなで楽しんで遊べるようにしていきました。そうすることで、たくさんの友だちのよさを見付け、楽しく遊べる子が増えていきました。また、この取り組みの様子を学級通信で保護者に伝えることで、家庭でも学校の様子を褒められ、よりがんばろうとする意欲につながったのです。

その次の段階の取り組みとして、学級の目標を達成するために、日直にその日のめあてを決めさせ、そのめあてへの取り組みの様子がどうであったかを振り返らせました。自分たちのめざす学級をよりよくしていくためにはどうしていったらよいかを常に考えさせるようにしていったのです。その積み重ねのおかげで、自分の姿を客観的に見られるような子も増えてきました。そして、めあてに対する友だちのがんばる姿や感謝の気持ちを伝えられるようになりました。

こうして、教師が子どもたちのよさを見取り、それを広げていくだけでなく、お互いに見合って、よさや課題を見付け、よりよくしていこうとする姿勢を身に付けさせていくことが、教師と子どもたちとの関係だけでなく、子どもたち同士の関係もしっかりとしたものにしていくのです。

まずは身近なことからでいいので、すてきだなと感じたことを素直に褒めてみる。これができればきっと、子どもたちは先生のことを好きになってくれるはずです。

放課後に毎日、だれとしゃべったかを記録する！

HILLOCK初等部スクールディレクター　蓑手　章吾

クラスには三〇人前後の子どもたちがいるものです。担任をもっていない先生だと、接する子どもの人数はその数倍にも及ぶでしょう。当然、その日一日、一言も話さない子なんて当たり前のように出てきます。

いつも先生に話しかけてくる子もいれば、遠巻きにいてまったく近づいてこない子もいるでしょう。意識せず過ごしていると、当然話している子に偏りが生じてきます。

そこで、毎日しゃべった子を記録していきましょう。おすすめは放課後、教室で座席表や写真を見ながら行うと思い出しやすいです。ちょっとした内容も単語でメモしておくと、数日後に役立つこともあります。

そうやって過ごしていくと、ほとんど話さない子の存在に気付くでしょう。次からは、その子に積極的に話しかけにいくのです。たとえば休み時間。若い先生は、子どもたちから毎日校庭に誘われるかもしれません。そんなときでも、「先生、今日は図書室に行ってみたいと思ってるんだ。ごめんね」と言って、理解してもらいましょう。きっと、普段話しかけたくても話せずにいる子が図書室にいるはずです。

話しかけても、反応はいまひとつかもしれません。それでもいいのです。話しかけられた子はきっと「あ、私のことも気にかけてくれているんだな」というのが伝わるはず。それが大切なことです。

ここで肝心なことは、なるべく一対一の空間をつくることです。教室の中でも、教卓やその子の机でも一対一はつくれます。授業中や全体に投げかける言葉ではなく、その子だけに語りかけられる言葉。周りに気を使わず返答できる空間。それが何より強固な関係に繋がります。

ちょっとたいへんですが、ノートや宿題にコメントを書くのも効果的です。その際はもちろん、テンプレートにならない工夫が必須ですが。

考え続けること

軽井沢風越学園教諭　村上　聡恵

四月からどんな学級をつくりたいですか？　子どもとの関係を考えるうえで私が大切にしたいことは「どの子も」ということです。これは、どの子も同じことをということではありません。一人ひとり違うことを前提として「どの子も」幸せに過ごせる学級をつくりたいということです。若い頃の私はその意識が足りなかったなぁと思います。今から考えると、子どもたちに謝りたいことばかり浮かんできます。

ここでは、ちょっと胸が痛くなる私のエピソードをお伝えしたいと思います。

はじめて低学年を担任したときのこと。集団の輪からはずれがちな男の子がいました。体育の時間は着替えもせず、遊具で遊んでいたり、砂遊びをしていたり……。時々、みんなが活動しているところにやって来て様子を見ては離れることを繰り返していました。私はみんなと一緒にやってほしい気持ちが強く、「着替えておいで。

みんなと一緒にやろうよ」という声をかけていました。でもその子は逃げ回り、結局何もせずに体育の授業は終了。授業後、職員室から様子を見ていた先生が私に話しかけてくれました。「手こずってたね。どうしたかったの？」と。私は、「みんなと一緒にやってほしいんですよね」と答えました。するとその先生は「いいじゃない、そうじゃなくても……」と言ったのです。はじめは違和感があったその言葉。でもあとからジワジワと私のなかに広がってきました。これまでの私は、その子の思いに寄り添うことをせず、みんなと一緒にやらせなきゃという気持ちでその子と向き合っていたことに気付いたのです。次の時間、私はその子がみんなの様子を見に来たとき、一緒に手をつないでゲームに参加してみました。その子は、その日をきっかけに少しずつ体育の活動を楽しむようになっていきました。若い頃は、こうでなければと考えてしまうことが多かった私。さまざまな経験を通して教師として少しずつ変わってきたなぁと思います。

これをすれば子どもとの関係が築けるという魔法の技などありません。日々悩みながら、どうしたらいいか考え続けることが、教師の仕事ではないでしょうか。

子どもでも…ひとりの人間同士

神奈川県公立小学校教諭　室田　萌香

「叱れない教師」が増えているといいます。担任をもつとき、「なめられないようにしよう」と思っていました。年が近いからこそ、友だちではなく、きちんと教師として一線を引いた関係づくりをしたかったのです。そこで、とにかく個別支援といじめを起こさないことに力を入れて学級経営を行いました。「ダメなものはダメ」と、毅然として指導します。確かに、子どもたちとは、「担任」と「児童」としての関係を確立させることができました。大切なことだったとも思っています。しかし、正しい方向に導く、よい行動をさせる、子どもたちを変える……そうした考えにとらわれ、常に上から目線の指導になっていました。どこか満たされない思いを抱えていた子がたくさんいたのではないかと思います。

三年目の中学年担任のとき、学級経営の核となったのは、学級目標でした。子どもたち自身がめざしたい自分たちの姿を考え、頭文字を合わせた、たった三文字の目標です。私は、「本当にそれでいいの？」と思いましたが、一歩引いて、見守ることにしました。そして、繰り返し学級目標を口にしながら少しずつ成長する子どもたちを見て、少し肩の荷が降りたような気がしたのです。

担任は、学級を経営し、子どもたちを育てていきます。ただし、それは必ずしも教師が主体になって進めていかねばならないということではありません。子どもたち自身にも、考え、自分たちで学級をつくっていく力があります。その主体性をいかに引き出すかが教師の力量であり、自分たちの力で成長したとき、子どもたちの顔は実に生き生きと輝きます。

間違った行動は叱りますが、支配するのではなく、対話するよう心掛けています。そうすると、子どもたちは、彼らの言葉で、彼らの思いを必ず返してくれます。「そんなに深く考えているんだ」と驚くこともしばしばです。年がいくつ離れていても、ひとりの人間として真正面からかかわることを続けていきたいです。

子どもの好き・自分の好きを基盤に

狛江市立狛江第三小学校指導教諭　森村　美和子

何もわからず知識も経験もないなか、特別支援学級の担任となった初任時代。一生懸命準備して自信満々に臨んだ授業で拒否され教室から出ていかれた苦い経験があります。自分の計画どおりに進まない日々に落ち込んだのを思い出します。そこから試行錯誤。今思えば、私の考えた枠組みや大人の思いどおりの道に子どもを当てはめようとしていただけなのかもしれません。初任時代のうまくいかなかった経験が今の私の土台になっています。当時は教師に向かないのでは?と続けられるか悩みました。そんななかで見出した子どもとの関係形成のポイントをお伝えします。

「子どもから学ぶ」。いつも子どもから学ぶ教えてもらうスタンスを大切に。子どもの話を聞くこと、子どもの行動をよく見ることを心がけてみると対応のヒントが見えてくるかもしれません。

「好きをリサーチ」。子どもの苦手や困っていることに目がいってしまうのですが、発想を変えて子どもの「好き」をリサーチしてみると新たな発見がありますｒ。好きのアンケートを実施したり、保護者に聞いてみたりすると助けになるかもしれません。「自分の得意な方法でかかわる」。すごいなと思う方の真似をしてもうまくいかなくて悩んだ経験があります。自分の得意な方法を活用して子どもと繋がるという視点を取り入れてみてはどうでしょう。体を動かすこと、言葉で伝えること、絵や音楽など自分の好きや得意をもう一度振り返ってみることから始めてみましょう。「チームで動く」。それでも、苦手なタイプの子どもやうまくいかないことなどあります。そのときは一人でなくチームで子どもたちを育てていく発想が大事です。困ったらすぐにヘルプを出してチームで動けるといいですね。

若い先生を見ていると、ナチュラルにいい距離感で子どもたちと接していてすてきだなと感じます。ベテランと若手とそれぞれのよさや役目があります。今、うまくいかないと思い悩んでいる若い先生、そのままのあなたで子どものそばにいること、それだけですごいパワーかもしれません。自信をもってくださいね。

教師として大切していることはどんなことですか？

福井県教育庁義務教育課主任　吉川　あき子

朝の会。子どもたちの待つ教室へ向かう。どんな顔つきと足音で教室に入ろうか…。教室に一歩入ると、朝の会を進めていた子どもたちが、こちらを一斉に見る。「おはよう！」と声をかける。そして、子どもたち全員の顔をぐるっと見わたす。

一限目。チャイムと同時に授業が始まる。子どもたちが問題を解き始めた。自信満々で答えたAさんの答えは「正解」ではない。「なぜそう考えたの？」Aさんの思いを聞いてみた。なんだ、そう考えたのか。すごい発想じゃないか！

学校生活のほとんどの時間は授業だ。子どもたちが「ワクワク楽しい」「夢中で考えたくなる」授業が、一つでも多くできるようになりたい。子どもたちの表情がそう思わせる。そんなことを思いながら、チャイムと同時に授業を終えた。

休み時間。少し余裕があったので子どもたちと話していたら、近くでBさんとC

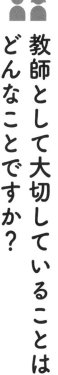

さんが喧嘩をして、教室の物を壊してしまった。とっさに「大丈夫？　けがはない？」と声をかける。隣のクラスの先生にも助けを求めて、それぞれの言い分に耳を傾けた。最後に、「君はどうしたい？　どうするといい？」と子どもに聞いてみる。

給食後。子どもたちが、手書きのイラストで掲示コーナーを彩っている。なるほど、こんなアイデアもあるのか。一学期は自分がやっていたが、二学期は、「学級の係は自分たちでつくりたい」という子どもたちを信じて任せることにした。

五時間目。Dさんの様子が何だかいつもと違う。この「小さな違和感」をどうしたらいいだろうか？　授業後の休み時間、周りの先生に声をかけて相談してみた。

帰りの会。子どもの日記に、私が返した、たった一言の赤ペンの返事を、子どもはなんだか嬉しそうに読んでいる。「気を付けて帰ろう。明日も待ってるよ」と笑顔で子どもを送り出す。最後にもう一度、机を整頓し、窓を確認し、掃除をし、教室をぐるっと見渡して、職員室に戻る。

初任者の先生方や先輩先生方から、そして私自身の失敗から学んだ大切なことを、一日の生活に表現してみました。先生が大切にしているのはどんなことですか？

❖執筆者一覧（執筆順）❖

赤岡　鉄矢　横浜市立みなとみらい本町小学校教諭

岩本　紅葉　新宿区立富久小学校主任教諭

金田　唯史　小樽市立朝里中学校主幹教諭

熊谷　雅之　豊川市立小坂井中学校教諭

小泉　志信　東久留米市立南町小学校教諭

櫻木　崇史　国立市立国立第七小学校教諭

庄子　寛之　世田谷区立池之上小学校指導教諭

鈴木　　亮　板橋区立中台中学校教諭

関根　章浩　練馬区立北町西小学校教諭

田渕　　翠　東京都公立小学校教諭

玉置　哲也　横浜市立旭小学校教諭

長澤　秀哲　江東区立臨海小学校教諭

中村　　悟　横浜市立鴨居中学校主幹教諭

中村　瑞穂　京都市立岩倉北小学校教諭

二川　佳祐　練馬区石神井台小学校主任教諭

本多　泰夫　江戸川区立平井小学校主幹教諭

蓑手　章吾　HILLOCK 初等部スクールディレクター

村上　聡恵　軽井沢風越学園教諭

室田　萌香　神奈川県公立小学校教諭

森村美和子　狛江市立狛江第三小学校指導教諭
吉川あき子　福井県教育庁義務教育課主任

担任１年目　人間関係がうまくいく84の方法

2023年4月1日　第1刷発行

編集――――――――――教育開発研究所
発行者―――――――――福山孝弘
発行所―――――――――㈱教育開発研究所
〒113-0033　東京都文京区本郷2-15-13
TEL　03-3815-7041（代）FAX　03-3816-2488
https://www.kyouiku-kaihatu.co.jp
E-mail=sales@kyouiku-kaihatu.co.jp
装幀――――――――――長沼直子
本文デザイン――――――shi to fu design
印刷所―――――――――中央精版印刷株式会社
編集人―――――――――山本政男

ISBN978-4-86560-571-6　C3037
落丁・乱丁本はお取り替えいたします。
定価はカバーに表示してあります。